ペーパーテスト＆パフォーマンステスト例が満載！

新3観点の学習評価
完全ガイドブック

菅　正隆・松下 信之 著

高等学校
外国語

明治図書

はじめに
Foreword

　高等学校において，2022（令和4）年4月より，新しく改訂された学習指導要領のもとで授業が行われることとなった。今回の改訂は，戦後から続く学習指導要領の改訂の中でも大きな変革となっている。それは，従来の知識偏重型と教師主導型からの決別を意味している。前者は知識・技能中心から思考・判断・表現中心の授業への転換であり，後者は主体的・対話的で深い学び（アクティブ・ラーニング）の考え方に基づく授業への転換である。これらについて，まず理解することが大切である。つまり，「未だに文法・訳読の授業？」「未だに生徒より先生の話している時間の方が長いの？」などと揶揄されないためにも，今，英語教師に求められていることが何かを知る必要がある。平成28年12月の中央教育審議会答申を踏まえ，『高等学校学習指導要領（平成30年告示）解説　外国語編　英語編』（以下「学習指導要領解説」とする）には，以下の記述がある。これから，高等学校での課題が明確にされている。

> 　高等学校の授業においては，依然として外国語によるコミュニケーション能力の育成を意識した取組，特に「話すこと」及び「書くこと」などの言語活動が適切に行われていないこと，「やり取り」や「即興性」を意識した言語活動が十分ではないこと，読んだことについて意見を述べ合うなど複数の領域を結び付けた言語活動が適切に行われていないことといった課題がある。

　また，指導のみならず，評価も大きく変わった。ペーパーテスト中心の評価から脱却する時が来たのである。これからは，ペーパーテストとパフォーマンステストなどを加味した評価が求められる。しかし，これらは以前から求められていたことである。本来は，高等学校でも，小・中学校同様，観点別学習状況の評価を行うことになっていたが，高等学校の現場では遅々として進まず，今に至っている。そこで，今回，全面的に観点別学習状況の評価を行うこととなった。今までペーパーテストに頼っていた教師にとっては，観点別学習状況の評価は煩雑で面倒であると思う。しかも，さまざまな教育課程の説明会などから更に混乱状態に拍車をかけ，さまざまな書籍でも混乱の度を増す。「害あって益なし」と考える教師も出てくる始末だ。

　そこで，本書では，誰にとっても分かりやすく，具体的な例を示しながら提示することに努めた。これにより，スッキリと腑に落ちた状態で指導と評価に取り組むことが可能になると考えている。教師の指導と評価が，次世代の子ども達に求められている知識や技能，思考力や判断力，そして表現力を向上させ，社会で英語を活用しながら活躍できる生徒の育成につなげるためにも，本書を活用いただけたら幸いである。

2022年2月吉日

菅　正隆

本書の使い方
How to use

本書は以下の資料に基づいて作成している。

・高等学校学習指導要領（平成30年告示）解説　総則編（文部科学省）
・高等学校学習指導要領（平成30年告示）解説　外国語編　英語編（文部科学省）
・「指導と評価の一体化」のための学習評価に関する参考資料　高等学校　外国語（国立教育政策研究所）
・「指導と評価の一体化」のための学習評価に関する参考資料　中学校　外国語（国立教育政策研究所）
・「指導と評価の一体化」のための学習評価に関する参考資料　小学校外国語・外国語活動（国立教育政策研究所）
・『アクティブ・ラーニングを位置づけた高校英語の授業プラン』菅正隆・松下信之（明治図書）
・『指導要録記入例＆通知表文例が満載！小学校外国語新３観点の評価づくり完全ガイドブック』菅正隆（明治図書）
・『ペーパーテスト＆パフォーマンステスト例が満載！中学校外国語新３観点の学習評価完全ガイドブック』本多敏幸（明治図書）
なお，Chapter4では，以下を参照して問題等を作成している。
・Lingua-Land English Course Ⅰ（教育出版）
・NEW ONE WORLD Communication Ⅰ Ⅱ（教育出版）
・ELEMENT English Communication Ⅰ Ⅱ（啓林館）

本書は以下の構成からなっている。

【Chapter 1】高等学校学習指導要領解説から読み解く指導の在り方
　この章では，学習指導要領の目標から，目標の３つの柱（「知識及び技能」「思考力，判断力，表現力等」「学びに向かう力，人間性等」）について，具体的に説明を施している。また，外国語の授業の在り方（５つの領域別）を理解していただくとともに，指導方法についても具体的に説明を施している。教師中心や教師からの一方的な授業から，生徒中心の授業へ転換する重要性など，主体的・対話的で深い学びの授業についても説明している。この章では，『アクティブ・ラーニングを位置づけた高校英語の授業プラン』菅正隆・松下信之（明治図書）を同時にお読みいただくと，更に指導の在り方が詳細に理解いただけると思う。

【Chapter2】 高等学校外国語の学習評価の考え方

　この章では，大きく改善された学習評価の考え方や，観点別学習状況の評価について具体例を示しながら解説している。実は，すでに高等学校においても小・中学校同様，観点別学習状況の評価が実施されてはいるが，遅々と進んでいない状況がある。そこで，国としては，高等学校においても，観点別学習状況の評価を完全に実施するよう求めている。そこで，評価の進め方から，評価規準の作成方法，評定への総括の方法，個人内評価についても詳しく解説している。評価方法については，「よく分からない」「難しい」との声をよく耳にするが，この章で，評価の考え方，評価の仕方，指導と評価の一体化について「スッキリ，ハッキリ」と理解いただけると考えている。

【Chapter3】 高等学校外国語の新3観点の学習評価の実際

　この章では，5つの領域（「聞くこと」「読むこと」「話すこと［やり取り］」「話すこと［発表］」「書くこと」）ごとに，以下の内容にまとめている。

❶評価に何を求めるのか（評価で，生徒をどのように導いていくのか）。
❷どのような点を評価するのか（指導によって，どのような点を評価していくのか）。
❸評価規準例を示す（❹の評価場面を想定して，それを評価する際の評価規準）。
❹3つの観点ごとの具体的な評価場面を示す（❸の評価規準に則った，評価の実際の場面）。
　これらにより，実際に評価する際のポイントや注意点を理解いただけると考えている。

【Chapter4】 新3観点のペーパーテスト＆パフォーマンステスト例

　この章では，更に具体的に日々の授業内でのパフォーマンス活動の在り方と評価方法，評価の基準例を示すとともに，日々の授業内での小テストや課題の取り扱い方，定期考査でのペーパーテストの問題の作成方法や具体的な評価の基準例などを示している。

　以上の事柄を，生徒の状況に合わせて，基礎，標準，発展の3つに分けて記載している。もちろん，これらは例として提示しており，評価の考え方にはさまざまあり，また，生徒もさまざまであることから，これらを活用していただき，各学校に合った指導と評価について改善し，確立していただけたらと思う。

　先にも記したように，高等学校における指導も評価も大きく変わる時が来た。それは，生徒のためだけではなく，教師自身のためでもある。英語を通して，日本の文化を背負いながら世界に羽ばたく子ども達を育てるのが教師の役目である。そのために，指導も評価も大きく変える転換点に我々は立っているのである。

もくじ
Contents

Chapter 1　高等学校学習指導要領解説から読み解く指導の在り方

Chapter 2　高等学校外国語の学習評価の考え方

Chapter **3** 高等学校外国語の新３観点の学習評価の実際

Chapter **4** 新３観点のペーパーテスト＆パフォーマンステスト例

高等学校
学習指導要領解説
から読み解く
指導の在り方

1 目標と育成を目指す資質・能力

❶目標

中央教育審議会答申には，言語能力を構成する資質・能力として，3つの事柄（知識・技能，思考力・判断力・表現力等，学びに向かう力・人間性等）が示されている。具体的には以下の通りである。

「知識・技能」

言葉の働きや役割に関する理解，言葉の特徴やきまりに関する理解と使い分け，（中略）既有知識（教科に関する知識，一般常識，社会的規範等）に関する理解が挙げられる。

特に，「言葉の働きや役割に関する理解」は，自分が用いる言葉に対するメタ認知に関わることであり，言語能力を向上する上で重要な要素である。

「思考力・判断力・表現力等」

テクスト（情報）を理解したり，文章や発話により表現したりするための力として，情報を多面的・多角的に精査し構造化する力，言葉によって感じたり想像したりする力，感情や想像を言葉にする力，言葉を通じて伝え合う力，構成・表現形式を評価する力，考えを形成し深める力が挙げられる。

「学びに向かう力・人間性等」

言葉を通じて，社会や文化を創造しようとする態度，自分のものの見方や考え方を広げ深めようとする態度，集団としての考えを発展・深化させようとする態度，心を豊かにしようとする態度，自己や他者を尊重しようとする態度，自分の感情をコントロールして学びに向かう態度，言語文化の担い手としての自覚が挙げられる。

以上を基に，高等学校外国語科の目標が設定された。

第1　目　標
　外国語によるコミュニケーションにおける見方・考え方を働かせ，外国語による聞くこと，読むこと，話すこと，書くことの言語活動及びこれらを結び付けた統合的な言語活動を通して，情報や考えなどを的確に理解したり適切に表現したり伝え合ったりするコミュニケーションを図る資質・能力を次のとおり育成することを目指す。

そして，育成を目指す資質・能力の3つの柱である「知識及び技能」，「思考力，判断力，表現力等」及び「学びに向かう力，人間性等」についてのそれぞれの目標が設定された。

❷ 「知識及び技能」

「知識及び技能」に関する目標は以下の通りである。

> 　外国語の音声や語彙，表現，文法，言語の働きなどの理解を深めるとともに，これらの知識を，聞くこと，読むこと，話すこと，書くことによる実際のコミュニケーションにおいて，目的や場面，状況などに応じて適切に活用できる技能を身に付けるようにする。

　この目標は，知識と技能の2つの要素から成り立っている。1つは「知識」の面である。「知識」は「英語の何を理解しているのか」であり，「外国語の音声や語彙，表現，文法，言語の働きなどの理解を深める」ことが目標である。2つ目は「技能」の面である。「技能」は「何ができるか」であり，「聞くこと，読むこと，話すこと，書くことによる実際のコミュニケーションにおいて，目的や場面，状況などに応じて適切に活用できる」ことが目標である。

　これらは明確に分けて記載されている。この流れが，後の評価規準の作成にも関係してくる。要は「知識及び技能」は，「知識」と「技能」は全く別物であるが，関連性は深いということである。つまり，新しく習得した「知識」を用いて，社会におけるさまざまな場面で活用できる「技能」としていくことが求められている。ここで，ごく簡単な例を提示する。授業で be 動詞について指導したとする。子どもは，次のような表を暗記して理解できたとする。この段階では「知識」の習得である。

		主語	be 動詞（現在形）
一人称	単数	I	am
	複数	We	are
二人称	単数	You	are
	複数	You	are
三人称	単数	He, She, This, It, 人の名前など	is
	複数	They, Tom and Ken など	are

また，ペーパーテストなどで，以下の空所補充問題を出題したとする。

① My name (　　　　) Ken.

② Ken and Mary (　　　　) friends.

　これらの問題が正解できたとしても知識の習得段階を超えることはない。では，技能の活用とはどのような段階をいうのか。学習指導要領解説には，「目的や場面，状況，相手の反応などを踏まえた上で，適切な語彙や表現などを選択して活用するために必要な技能」とある。つまり，例えば，初見のイラストを見て，描かれている人物や物について，be 動詞を用いて自在に説明したり，自己紹介や他己紹介をしたり，初対面での状況下で，名前や年齢，職業，性格（外国人との場合には出身国）などを臨機応変に尋ね合ったりして，be 動詞に関する知識が確実に習得され，主体的に活用できる段階が技能である。

❸ 「思考力，判断力，表現力等」

「思考力，判断力，表現力等」に関する目標は以下の通りである。

コミュニケーションを行う目的や場面，状況などに応じて，日常的な話題や社会的な話題について，外国語で情報や考えなどの概要や要点，詳細，話し手や書き手の意図などを的確に理解したり，これらを活用して適切に表現したり伝え合ったりすることができる力を養う。

「思考力，判断力，表現力等」とは，「知識及び技能」で「理解していること」や「できること」について，「使いこなすこと」である。思考力と判断力と表現力とは一連のコミュニケーションの中で（インプット⇔インテイク⇔アウトプット），常に用いられる複合的に必要な能力のことである。例えば，さまざまな場面や状況において，英語を用いてコミュニケーションを図る際には，何段階かのステップを踏む必要がある。例として，以下のことが考えられる。

①話されたり読んだりした情報や考えを，即座に概要や要点，詳細，話し手や書き手の意図を理解したり判断したりする。

②情報や考えを基に自分の考えや気持ちを整理し，文章にまとめて書いたり，発話したりして発信する。また，目的や場面，状況によっては，さまざまな意見や考えを更に読んだり聞いたりして，随時，臨機応変に自分の考えを新たに形成していく。

では，「知識及び技能」における「技能」と「思考力，判断力，表現力等」との違いは何か。「知識及び技能」における「技能」の目標は，「聞くこと，読むこと，話すこと，書くことによる実際のコミュニケーションにおいて，目的や場面，状況などに応じて適切に活用できる」ことであり，「思考力，判断力，表現力等」の目標は，「外国語で情報や考えなどの概要や要点，詳細，話し手や書き手の意図などを的確に理解したり，これらを活用して適切に表現したり伝え合ったりする」ことである。一見，同じ内容にも捉えることができる。また，学習指導要領解説では，「技能」について，「一定の手順や段階を追って身に付く個別の技能のみならず，獲得した個別の技能が自分の経験やほかの技能と関連付けられ，変化する状況や課題に応じて主体的に活用できる技能」としている。これはまさに，自分主体のスキルやテクニックといったものに重点が置かれているのに対し，「思考力，判断力，表現力等」は，「さまざまな場面や状況で得られる情報をキャッチし，それらを適宜分析し，自分の言葉で表現しながら，相手に適切に伝えること」である。その際，相手をおもんぱかる必要性が求められている。相手への尊重，聞き手や読み手，話し手や書き手に配慮しながらコミュニケーションを維持することが重要視されている。つまり，「技能」は，コミュニケーションにおける主体性が重要視される一方，「思考力，判断力，表現力等」は，状況を読み取る能力や他者との豊かな人間関係や円滑な相互関係が重要視されている。ただし，相手への配慮がこれほどまでに重要視されているのは日本特有の考え方であろう。

❹ 「学びに向かう力，人間性等」

「学びに向かう力，人間性等」に関する目標は以下の通りである。

外国語の背景にある文化に対する理解を深め，聞き手，読み手，話し手，書き手に配慮しながら，主体的，自律的に外国語を用いてコミュニケーションを図ろうとする態度を養う。

「学びに向かう力，人間性等」とは，外国語教育において，生徒が言語活動に主体的・自律的に取り組むことが外国語によるコミュニケーションを図る資質・能力を身に付ける上で不可欠なものであり，授業等において，積極的に外国語を使ってコミュニケーションを図ろうとする態度のみならず，学校以外の場面においても，生涯にわたって外国語の習得に継続して取り組もうとする態度のことを表している。

かつては，関心・意欲・態度の面を評価するにあたって，一部の教師は生徒の挙手の回数を点数化したり，発話の回数を点数化したり，宿題を忘れてきた生徒の点数を懲罰的に減点したりしていたものである。これらは英語とは全く無関係なものである。「学びに向かう力，人間性等」とは，実際の英語の学習においては，自身の考えを再形成したり，深化させたり，話したり書いたりしたものを繰り返し改善したり，よりレベルの高いものに作り直したりする態度のことである。具体的に領域別に考えてみると，以下のようになる。

①相手の話すことが聞き取れなかった場合，何度も繰り返し尋ねる。（聞くこと）
②相手の言葉に共感する言葉を返しながら，円満な会話を継続する。（聞くこと）
③英文を流暢に読めるように，何度も音読練習をする。（読むこと）
④英文を繰り返し読んで，内容を詳細に理解する。（読むこと）
⑤相手に正確に伝わるように，語句や表現を替えながら話す。（話すこと［やり取り］）
⑥相手の状況を的確に判断しながら，話す内容を臨機応変に変更しながら，会話を継続する。（話すこと［やり取り］）
⑦発表のための原稿を，聞き手に分かるように何度も推敲する。（話すこと［発表］）
⑧発表に際し，聞き手の状況を判断しながら，伝わる話し方やジェスチャーを工夫する。（話すこと［発表］）
⑨自ら書いたものについて，更に論理的に推敲しながら，深い内容の英文を書く。（書くこと）
⑩読み手を意識しながら，相手の状況に合わせた英文を書く。（書くこと）

加えて，自分には何が足りないのか，何をしなければならないのか，どのような学習が必要なのか，などを常に意識しながら，言語活動や日々の学習に取り組むことである。

なお，「学びに向かう力，人間性等」は，「知識及び技能」を指導する際に一体的に育成したり，「思考力，判断力，表現力等」を指導する際に，共に育成したりすることで，それぞれをブラッシュアップすることができる。つまり，自らを律して，英語力をアップするために不断の努力を惜しまない態度のことである。

2　目標から読み解く指導の在り方

　学習指導要領が改訂されて、従来の4技能（聞くこと、話すこと、読むこと、書くこと）が、5領域（聞くこと、読むこと、話すこと［やり取り］、話すこと［発表］、書くこと）に変更された。これは、技能としては従来の4技能ではあるが、取り扱う領域において、「話すこと」が［やり取り］と［発表］とに2分化されたためである。

　これを校種別に見ると、小学校外国語活動では、「聞くこと」「話すこと［やり取り］」「話すこと［発表］」の3領域を取り扱い、以後の小学校外国語科、中学校外国語科、高等学校外国語科では、一貫して「聞くこと」「読むこと」「話すこと［やり取り］」「話すこと［発表］」「書くこと」の5領域を継続して取り扱うことになる。特に、「話すこと」が［やり取り］と［発表］とに分かれたことにより、指導においては従来よりも意識して取り組む必要がある。

　また、以前の外国語科の授業では語彙指導や文法指導、訳読指導など、教師側からの一方通行的な指導が見られ、期末考査では、知識の定着度を測るペーパーテストで評価が行われていた。これらも、今回の改訂により、評価の観点の変更から大きく改善が求められている。

　学習指導要領や学習指導要領解説、そして、学習評価に関する参考資料から、これからの指導は、3つの目標である「知識及び技能」「思考力、判断力、表現力等」「学びに向かう力、人間性等」の育成をめざすものとなった。また、評価においては、3つの観点（「知識・技能」「思考・判断・表現」「主体的に学習に取り組む態度」）で観点別評価を行うことになった。したがって、指導は知識の定着ばかりをねらうものではなく、生徒が自ら考え、自分自身の気持ちや考えなどを表現するパフォーマンス活動などさまざまな言語活動を通して、「知識及び技能」「思考力、判断力、表現力等」を一体的に育成することが必要になってきた。これらは、小学校、中学校、高等学校を通して、外国語を聞いたり読んだりして得た知識や情報、考えなどを的確に理解したり、それらを活用して的確に表現して伝え合ったりすることで育成されるものである。小学校、中学校と積み上げてきた指導と評価を、未だに高等学校で従来の知識偏重型の授業を続けていては、生徒の資質・能力を向上させることなどできない。停滞させることにもつながりかねないものである。

　したがって、高等学校でも、目標や評価の観点を意識しながら指導を継続していくことが求められる。特に、「思考力、判断力、表現力等」の重視から、指導によってインプットした語彙や表現、文法事項などを、パフォーマンス活動を通して活用できるようになっているかで判断する。「聞くこと」「話すこと［やり取り］」「話すこと［発表］」においては、ペーパーテストだけでは十分に測ることができない部分が多く、それに代わる言語活動としてのパフォーマンス活動を通して評価していくことになる。したがって、これからは、指導と評価の一体化からも、パフォーマンス活動とパフォーマンス評価は欠かせないものとなる。

❶ 「聞くこと」の指導の在り方

① 「聞くこと」とは

「聞くこと」とは，聞いた事柄から必要な情報を聞き取ったり，話し手の意図を汲み取ったり，話の概要や要点を目標に応じて捉えることである。また，より高度なこととして，話の展開を把握したり，詳細を把握したりすることも求められる。

「聞くこと」に関しては，生徒が小・中学校で英語の音に慣れ親しんできていることから，引き続き授業を実際のコミュニケーションの場面と捉え，授業は英語で進め（中学校では，今回の改訂から授業は英語で行うことを基本とすると定められている），生徒が英語を聞く状況を多くつくり出すとともに，聞くことに対する抵抗感を減らしていくことが重要である。聞き取らせる内容は，生徒の日常生活に関する話題や社会的な話題を取り扱い，生徒の状況や学年に合わせた内容や量を吟味していくことが必要になる。

② 指導の在り方

「聞くこと」の指導においては，生徒の状況を踏まえて，スピードや聞く量を調整したり，重要な情報を強調したり，聞くためのスキーマを与えるなどの配慮が必要である。

具体的には，高等学校入学当初は，比較的少量の情報から聞かせ始め，正誤問題や内容確認を通して生徒の聞く力を確認していく。また，話されるスピードもゆっくりめから始め，徐々にノーマルスピードへと進めていく。加えて，文と文とのポーズを長くしたり，聞き取ったことをメモさせたりするなども効果が期待できる。また，聞き取らせる情報を明確にするために，重要な箇所を強調したり，何度も繰り返し聞かせたり，ヒントとなるイラストや写真，映像を提示するなどして理解度を上げることも考えられる。

一方，英語以前の問題として，話されている内容に関して，生徒が知識を持ち合わせていない場合も考えられる。それを避けるためにも，事前に話題に関する解説をしておいたり，未習の語句や表現を説明しておいたりすることで，聞くことの助けにもなる。

聞くテーマについては，教科書で取り扱うテーマに限定せず，広く生徒の興味・関心に合ったものを取り上げることが重要である。特に英語を苦手とする生徒に対しては，聞く楽しみを体験させながら，内容を理解できる経験を積ませることである。これが成就感や達成感となり，「聞くこと」の情意フィルターが下がり，積極的に聞くようになる。

時代は ICT，AI の時代である。インターネットでもさまざまな英語を耳にすることができる。これを利用しない手はない。授業では，教師や ALT の話，さまざまな情報ツールを使った聞き取りはもとより，ニュースや SNS なども「聞くこと」の教材として，積極的に活用しながら，生徒の聞く力を向上させていくことである。

❷ 「読むこと」の指導の在り方

① 「読むこと」とは

　「読むこと」とは，書かれている文や文章を黙読したり，音読したり，必要な情報を読み取ったり，書き手の意図を把握したりすることである。しかし，黙読と音読に関しては，学習指導要領解説には，「音読の指導を行う際には，書かれた文章の本来の目的や内容などを確認した上で，そもそも音読することがふさわしいのか，ふさわしいとすればその音読はどのような目的で行われるのかを明確に生徒に意識させた上で指導することが重要である」とある。したがって，生徒の状況によっては，黙読や音読を割愛する場合や，反対に，十分に黙読や音読に時間を費やす場合も考えられる。特に英語を苦手とする生徒に対しては，十分な音読が必要であろう。

　また，「読むこと」に関しては，小学校高学年から取り扱う領域である。小学校中学年の外国語活動では取り扱わないことから，「聞くこと」や「話すこと」と比較して，学習年月の短い領域でもある。読み取らせる内容は，日常的な話題や社会的な話題を取り扱い，生徒の状況や学年に合わせた内容や量を吟味していくことが求められる。

②指導の在り方

　「読むこと」の指導においては，生徒の状況に合わせて，始めは少量の文章を読むことから始め，徐々に量を増やしていくように配慮する。また，理解を深めるために，未習の語句や表現を解説したり，別の簡単な語句や表現に置き換えたりする。特に，社会的な話題について読ませる場合には，その内容に関する知識を生徒が持ち合わせていない場合も考えられる。そこで，理解を深めるために，教師やALTはTeacher's Talkで理解させたり，関連のあるイラストや写真，映像などを用いたりして，視覚情報から理解させることも重要なことである。

　また，生徒の思考力・判断力・表現力を向上させるために，生徒が既に有している知識や既習事項を十二分に使って，例え，未習の語句や表現が数多くあったとしても，推測しながら読み進めることに慣れさせる必要がある。これは，今後，新しく出会うさまざまな英文に対して，理解しながら乗り越える術の1つでもある。

　加えて，「読むこと」にあたっては，ただ漫然と読ませるのではなく，必要な情報を読み取らせるために，教師は読むための目標を明確に提示することが求められる。高等学校入学当初の生徒には，例えば，必要な情報を探し出させたり，読み取った内容の概要や要点について，ペアやグループで話し合わせたり，まとめさせたりする。そして，徐々に，目標に応じて，細部にわたって詳細に読み取らせるようにしていく。このように，「読むこと」においても，指導の戦略と戦術が常に必要となる。

❸ 「話すこと［やり取り］」の指導の在り方

① 「話すこと［やり取り］」とは

　これまでの学習指導要領では，「話すこと」を1つの技能として取り扱ってきたが，今回の改訂からは，「話すこと［やり取り］」と「話すこと［発表］」との2つの領域に分けられた。

　「話すこと［やり取り］」とは，日常的な話題や社会的な話題について，基本的な語句や文を用いて，情報や考え，気持ちなどを互いに話して伝え合うことである。教科書にある会話やスキットを読んだり，会話を暗記して披露したりすることは，「話すこと［やり取り］」の準備や練習としては考えられるが，これが真の目標とはなっていない。また，話すための原稿を事前に用意して，その内容を覚えたり，そのまま読んだりすることでもない。相手からの質問や話の流れに即興で話すことや臨機応変に対応することを意味している。

　また，話の流れの中で，論理の矛盾や飛躍がないように，理由や根拠を明らかにして，論理の一貫性に注意しながら話すことも大切である。また，会話を継続するために，やり取りの中で相づちを打ったり，right，really，no way，wow などの関心や驚きを示す表現を用いたりするなど，戦略的な会話能力を身に付けさせることも必要になる。ただし，これらを生徒に求めるためには，取り扱う話題について，生徒にとって馴染みのある話題や，興味・関心のある話題を提示しながら活動を行わせることが求められる。

②指導の在り方

　「話すこと［やり取り］」の指導においては，取り扱う話題に関して，関連する語句や文，表現について事前に提示して理解させておく必要がある。使用できる語句が少ない場合には，やり取りが継続せず，話の内容も深まることはない。また，やり取りの戦術として，会話の展開の仕方や，会話がうまく続けられないときの対処法を例示し，何度も体験させることが必要になる。そのために，やり取りのモデル（例えば，教師と ALT，教師と生徒，生徒同士）を数多く見せたり，ペアを変えながら何度も繰り返させたりすることが必要になる。特に英語を苦手とする生徒に対しては，やり取りのモデルの中に面白いオチやジェスチャーを取り入れながら，取り組みやすい雰囲気をつくり出すことも必要になる。

　話題については，教科書だけに縛られず，生徒の興味・関心のある出来事や，社会で話題になっていることについて，映像や音声の教材を情報源として，生徒のさまざまな考えや気持ちなどを引き出すことが重要である。

　「話すこと［やり取り］」は，「聞くこと」と「話すこと」の融合体である。指導の際には，相手の話をじっくり聞いて，自分の考えを正確に相手に伝えることの重要性を常に伝えながら，指導を継続することが必要になる。

❹ 「話すこと［発表］」の指導の在り方

① 「話すこと［発表］」とは

　「話すこと［発表］」とは，日常的な話題や社会的な話題について，基本的な語句や文を用いて，情報や自分の考え，自分の気持ちなどを整理して，聞き手に対して一方的に，まとまりのある内容を話し伝えることである。その際，伝えたい理由や根拠を明確にする必要がある。しかも，準備として書いた原稿をただ読むだけではなく，聞き手に分かるように伝えることを意識することが求められる。

　話し伝える形態としては，スピーチのような口頭での発表や，イラストや写真を使ったShow and Tell，パワーポイントなどの視聴覚教材を活用したプレゼンテーションなどがある。ディベートは「話すこと［やり取り］」として扱う場合が多いが，状況によっては，「話すこと［発表］」と捉えることもできる。

　話すテーマとしては，生徒の身近な話題や，社会で話題となっていることを取り上げて，自分の意見をまとめて伝えさせる。教科書にある話題のみならず，生徒の興味・関心のある事柄を取り上げることによって，生徒の意欲を引き出すことができる。

② 指導の在り方

　「話すこと［発表］」の指導においては，事前の準備を十分に行うことである。その際，発表のヒントとなる語句や表現を十分に提示し，特に英語を苦手とする生徒に対しては，話題に関する説明や，ビデオなどの視聴覚教材を駆使し，イメージを持たせてから発表準備をさせることが成功のカギである。

　そして，自分の考えや気持ちをペアやグループで話し合ったり，調べ学習を行ったりしながら，発表のアウトラインやメモ，原稿にまとめさせる。また，その後，ペアやグループでブレインストーミングをしたり，リハーサルを行ったり，推敲したりしながら完成度を高めていく。また，発表の際に用いるイラストや写真，パワーポイントなどの視聴覚教材も同時に準備させる。生徒1人1人が自信を持って発表できるように，話し方や目線，立ち居振る舞いなどの練習も忘れてはならない。

　発表の形態については，クラス全員を対象にした発表だけではなく，ペアでの発表，グループでの発表，クラスを2つのグループに分けた状態での発表など，さまざまな形態が考えられる。最終の発表をどの形態にするかは，生徒の状況や授業の進度と考え合わせながら決定する。仮に，クラス全体での発表を最終目標とするのであれば，ペアから始め，小グループ，中グループなど，聞き手を徐々に増やしていき，発表を複数回行い，発表の質を上げていく。これにより，人前で話すことに抵抗感を抱いている生徒の負担も減らしていくことができる。

❺ 「書くこと」の指導の在り方

①「書くこと」とは

　「書くこと」とは，日常的な話題や社会的な話題について，基本的な語句や文を用いて，情報や自分の考え，自分の気持ちなどを論理性に注意しながら文章を書いて伝えることである。その際，1つの文，複数の文，1つの段落，そして複数の段落と書くことになる。それらを文の流れに注意しながら論理的に書き進めることが必要になる。そこで，論理的に一貫性のある内容とするために，伝えたい情報，考えや気持ちを理由や根拠を明確にしながら書くことが大切である。また，英語の文章を複数の段落を用いて書く場合には，書き手が伝えたい1つの主張とそれを支える部分とから構成されていることが重要になる。

　書くテーマに関しては，生徒の身近な話題や，社会で話題となっていることを取り上げて，自分の意見を論理的にまとめて書く。教科書にある話題のみならず，生徒の興味・関心のある事柄を取り上げると，生徒の意欲を引き出すことができる。また，書く形態としては，メモやメッセージ，レポート，電子メール，小論文などさまざまなものがあるが，生徒の状況や授業の進度に合わせて決定する。

②指導の在り方

　「書くこと」の指導においては，事前に書く準備として十分な時間を確保しながら，取り上げる話題についての多くの情報（本やデータ）を提示するとともに，話題に沿った語句や文を十分に示し，生徒がそれらを取捨選択しながら書き進めることのできるシステムを構築する。また，生徒自らが書くために必要な情報を得るために，インターネットや辞書などを駆使した調べ学習の時間も用意することである。論理的な文章を書くために，自分で推敲する時間や，ペアやグループで読み合わせながらブラッシュアップするための時間も十分に確保する必要がある。

　また，段落を分けて書くために，日本語と英語の段落の相違点や共通点を理解させる必要がある。主題文，支持文，結論文からなる1つの段落の文章例をいくつか提示して理解を図ることも重要である。

　多くの生徒は5つの領域の中で，「書くこと」を苦手としている場合が多い。これは，小学校から始まる英語教育において，書く体験が十分に施されてきていないことにも原因がある。これを高等学校で打破するためには，毎時間の授業の中に，必ず少量でも生徒自らが自分の考えや気持ちを書く時間を確保することである。特に英語を苦手とする生徒にとっては，「書くこと」はかなり高いハードルとなっている。それを乗り越えるためには，生徒の興味・関心のあることをテーマとして書かせ，十分な語句や文を示すことで解決するものである。

❻言語活動の在り方

　言語活動を行う際には，言語の使用場面や言語の働きを十分に認識しながら，5つの領域で有機的に組み合わせながら行うことが必要であり，効果的である。

①言語の使用場面

　高等学校では，言語の使用場面の例として3つの場面が提示されている。1つ目は，

> ㋐生徒の暮らしに関わる場面
>
> ・家庭での生活　　　　　　　　　・学校での学習や活動
>
> ・地域での活動　　　　　　　　　・職場での活動　　など

　この場面では，小学校「外国語」と中学校では，家庭での生活，学校での学習や活動，地域の行事が挙げられている。高等学校では，地域の行事が地域での活動（ボランティアなど）に替わり，新たに職場での活動が加えられている。これは，キャリア教育の一環として，将来の就労を想定してのことである。2つ目は，

> ㋑多様な手段を通して情報などを得る場面
>
> ・本，新聞，雑誌などを読むこと
>
> ・テレビや映画，動画，ラジオなどを観たり，聞いたりすること
>
> ・情報通信ネットワークを活用すること　　など

　この場面は，小学校及び中学校では取り扱われていない。時代は ICT，AI の時代である。時代に取り残されないためにも，英語を通して，さまざまな情報ツールを知り，活用できるように指導する必要がある。3つ目は，

> ㋒特有の表現がよく使われる場面
>
> ・買物　　　　　　　　　　　　　・食事
>
> ・旅行　　　　　　　　　　　　　・電話での応対
>
> ・手紙や電子メールのやり取り　　など

　小学校「外国語」では，挨拶，自己紹介，買物，食事，道案内，旅行が取り上げられ，中学校では，自己紹介，買物，食事，道案内，旅行，電話での対応，手紙や電子メールのやり取りが取り上げられている。したがって，高等学校で取り上げるものに関しては，買物は小・中学校でも扱われ，食事も同様に小・中学校で扱われている。また，旅行，電話での応対，手紙や電子メールのやり取りについては，中学校でも取り扱うことになっている。しかし，高校生は行動範囲も広がり，さまざまな人々との交流の輪が広がることから，高校生の知的レベルに応じた場面設定をする必要がある。状況によっては，SNS で発信する場面，ネット通販を利用する場面，履歴書を記入する場面，面接の場面，職場での自己紹介の場面など，生徒の今後の生活に密着した場面を想定して活動を構成することが必要になる。

②言語の働き

　言語活動を行う際には，さまざまな状況下で言葉を駆使しながら円滑な人間関係を保つ必要がある。そこで，必要となる言葉の役割が「言語の働き」である。学習指導要領では大きく5つの事柄に分けられている（平成21年告示の学習指導要領と平成30年告示の学習指導要領との比較をしてみる）。

　1つ目は，

(ア)コミュニケーションを円滑にする		
・相づちを打つ	・聞き直す	・繰り返す
・言い換える	・話題を発展させる	・話題を変える　など

　2つ目は，

(イ)気持ちを伝える		
・共感する	・褒める	・謝る
・感謝する	・望む	・驚く
・心配する　など		

「共感する」が平成30年告示の学習指導要領で新たに加えられたものである。

　3つ目は，

(ウ)事実・情報を伝える		
・説明する	・報告する	・描写する
・理由を述べる	・要約する	・訂正する　など

　4つ目は，

(エ)考えや意図を伝える		
・提案する	・申し出る	・賛成する
・反対する	・承諾する	・断る
・主張する	・推論する	・仮定する　など

「提案する」「承諾する」「断る」が平成30年告示の学習指導要領で新たに加えられたものである。

　5つ目は，

(オ)相手の行動を促す		
・質問する	・依頼する	・誘う
・許可する	・助言する	・命令する
・注意をひく	・説得する　など	

「質問する」「説得する」が平成30年告示の学習指導要領で新たに加えられたものである。以上は教科書の本文や活動にも含まれているが，生徒の状況によっては，更に新しい言語の働きを加えながら，言語活動の充実を図る必要がある。

Chapter 2

高等学校外国語の学習評価の考え方

1 高等学校外国語の学習評価の考え方

　評価を行う際には，さまざまな行程を経る必要がある。教科書を用いて指導し，ペーパーテストのみで評価するといった，昭和や平成の時代では当然と思われていた行程は今は通用しない時代となった。事前にしっかりと計画し，実行し，評価し，それにともなうフィードバックや改善を図る，まさに PDCA サイクルを常に意識した指導と評価が求められる。高等学校においても，小学校や中学校と同様に観点別学習状況の評価が絶対のものとなった。評価に対する説明責任が求められる時代なのである。

　そこで，評価を行うための一連の行程を具体的に見ていく。

❶学習指導要領の目標の確認

　学習指導要領の外国語科の目標や，科目ごとの目標を確実に理解する必要がある。何が求められているのか，何をできるようにするのか，どのように指導するのか，どのような点を評価するのかなど，学習指導要領解説に詳しく書かれている。

　これらの考え方や事柄は，教科書を使用することで（文部科学省の教科書検定においては，学習指導要領の内容が全て網羅されているか詳細に確認される），例え学習指導要領の中身を知らないとしても，学習指導要領に含有されている事柄は全て教科書で生徒に伝えることができ，求められている全てを指導できるようになっている。しかし，それは建前に過ぎない。教師の指導のポイントやノウハウ，指導の軽重などは，学習指導要領で求められていることを理解していない限り，表層的な指導となり，生徒の英語運用能力など伸ばせるはずもない。

❷年間目標，年間指導計画の設定

　授業を行う際には，学年当初に年間目標と年間指導計画を作成しなければならない。これにはシラバス，評価計画なども含まれる。いつ何を指導し，どのように評価し，1 年間を通した指導の流れを確認し，学年末にはどのような生徒に育成するのかを目に見える形で残すことになる。もちろん，これらは教科書の指導書（マニュアル）には例として記載されている。これをコピーして使用している教師はいるが，実は，指導書にある年間指導計画はスタンダードなものが記載されているに過ぎず，当然，各学校の生徒に合致したものではない。したがって，それをそのまま使用すると，時には指導に無理や無駄が起こり，結果，生徒の英語運用能力を向上させるどころか，反対に，英語嫌いや英語運用能力の低下に結び付くこともある。

　そこで，生徒の状況を考えながら，時間はかかるが，手作りするのが 1 番である。そんな時間などないというのであれば，教科書の年間指導計画を基に，一部分を変更して各学校に合ったものに作り変えることでも構わない。

また，作成する際には，バックワードデザインで作成することである。つまり，学年末の生徒像を考えながら，指導内容をゴールとなる学年末の３月から書き始め，学年当初の４月まで，時間を遡って作成するのである。これは，４月から計画すると，指導内容が盛りだくさんとなり，しかも，生徒に求めることが多くなり，学年末には肥大化した生徒像を求めることにもなりかねないからである。

❸年間の評価規準の作成

次に，年間目標により，年間の評価規準を作成する必要がある。どのような点を理解し，どのようなことができ，どのようなことをし，どのようなことをしようとしているのかなどを決定する必要がある。その際には，３つの観点（「知識・技能」「思考・判断・表現」「主体的に学習に取り組む態度」）と，５つの内容のまとまり（領域）のマトリックスを作成しなければならない。マトリックスの記入箇所は３観点×５領域＝15となり，最大15項目の評価規準を作成することになる。フォーマットは以下の通りである。

	知識・技能	思考・判断・表現	主体的に学習に取り組む態度
聞くこと	〈知識〉		
	〈技能〉		
読むこと	〈知識〉		
	〈技能〉		
話すこと［やり取り］	〈知識〉		
	〈技能〉		
話すこと［発表］	〈知識〉		
	〈技能〉		
書くこと	〈知識〉		
	〈技能〉		

❹単元（Lesson，Unit など）の評価規準の作成

年間目標と年間指導計画，年間の評価規準ができたら，各単元（Lesson，Unit など）の目標と評価規準を作成する必要がある。この目標が積み重なって年間目標に至り，各単元の評価規準の集大成が年間の評価規準となる。

なお，評価規準を作成する際には，各単元では，先のマトリックス15項目全てを評価することなどできない。指導にあたっては，特に評価する必要のある項目だけを埋めることである。指導もしないのに評価するのは，指導と評価の一体化からも妙なことである。教師が重点的に指導を行ったところについて，生徒の定着度や活用能力の向上について評価するのが筋である。例えば，３観点×２領域＝６項目を評価することでも特に問題はない。

2 　学習評価の在り方（概要）

　学習指導要領の改訂に伴い，学習評価の充実が求められている。先にも記したように，高等学校では，小・中学校同様，従前から観点別学習状況の評価が求められていたが，評価となれば，ペーパーテストに平常点なるものを加味して点数を出し，それを評定に落とし込んでいた実態がある。そこで，平成30年改訂の高等学校学習指導要領を踏まえて，学習評価の改善の重要性が指摘されている。

❶学習評価の重要性

　普段，授業等で行われている指導が生徒に的確に行われ，生徒が着実に目標に向かって学力を向上させ，生徒自らが学びを振り返り，次の学びにつなげるように，主体的に学習に取り組む状況をつくり出しているかなどを判断するために学習評価が存在する。学習評価についてまとめると大きく次の3点に集約される。

①学習の目標に対して，生徒がどの程度まで達しているのかを判断するもの
②学習の目標に達するために必要な手立てを導き出すもの
③教師の指導の在り方を再確認するもの

　これらを的確に判断するためには，生徒個々をさまざまな観点から分析し，評価していくことが求められる。単純に定期考査でのペーパーテストだけで判断し，評価することは無謀と言っても過言ではない。そこで再度強く求められているものが，観点別学習状況の評価である。学習評価は，「観点別学習状況の評価」と「評定」によって行われる。また，「観点別学習状況の評価」と「評定」に示しきれない生徒1人1人のよい点や可能性，進歩の状況については，「個人内評価」を用いることになる。

❷「観点別学習状況の評価」とは

　「観点別学習状況の評価」とは，普段の授業の中で，指導によって生徒がどのような状況にあるのかを，さまざまな面から評価していくことである。ここでいう面が観点である。そのために，指導と評価の一体化から，目標に沿った指導を行い，その結果として生徒の状況を判断する。そして，これらの評価により，どの観点が望ましい学習状況になっているのか，どの観点に課題があるのかが明確になり，それ以降の具体的な指導の在り方が明白になる。また，生徒個々にも，学習方法を指摘するなど，指導や生徒の主体的な学習方法の改善に生かすことができる。

　「観点別学習状況の評価」を行うためには，観点ごとに評価規準を学校や教師が定めることになる。評価規準とは，「観点別学習状況の評価」を的確に行うために，目標の実現状況を判

断するよりどころとなるものである。

　そして，学期末などに学習の記録として，観点別学習状況を観点ごとに記入していくことになる。その際，3つに区別して記入する。

・「十分満足できる」状況と判断されるもの：A
・「おおむね満足できる」状況と判断されるもの：B
・「努力を要する」状況と判断されるもの：C

❸「評定」とは

　「評定」とは，年度末に，分析的な評価としての「観点別学習状況の評価」を基に，最終的な目標の実現状況を一括してまとめたものである。総括方法は，各学校で適切に決定することとなっている。評定は，以下の5つで区別される。

・「十分満足できるもののうち，特に程度が高い」状況と判断されるもの：5
・「十分満足できる」状況と判断されるもの：4
・「おおむね満足できる」状況と判断されるもの：3
・「努力を要する」状況と判断されるもの：2
・「努力を要すると判断されるもののうち，特に程度が低い」状況と判断されるもの：1

❹「個人内評価」とは

　「個人内評価」（形成的な評価）とは，学習指導要領の目標や各学校で定める評価規準に含まれないもの，学習評価に直接関わらない生徒のよい点や可能性，進歩の状況（よく挙手をする，宿題を忘れない，他生徒への思いやりが深い，教師の手伝いをよくする，大きな声で発話するなど）のことで，これらは，観点別学習状況の評価や評定に加えることはできない。かつては，このような状況を，平常点などの中に加点していた場合も見られたが，もし，これらが顕著な場合には，指導要録に記載することになる。

❺学習評価の流れ

　学習評価の流れは，以下の通りである。

①目標に沿った指導
②各単元（Lesson，Unit など）内での観点別評価（a，b，c）
③学期ごとの観点別評価（A，B，C：②を総括）
④学年末の観点別評価（A，B，C：③を総括）
⑤評定（5，4，3，2，1：④を総括），個人内評価（指導要録に記載）

　以上の流れで生徒個々を評価するが，②，③，④の後などに，生徒の学習改善のために，これらの評価を生徒にフィードバックすることは重要なことである。

3 適正で充実した学習評価を行うために

❶学習評価の充実

　学習評価を活用する際には，単に教師側から生徒に評価を提示するだけでは，生徒のために
も教師のためにもならない。学習評価は，生徒の主体的・対話的で深い学びに結び付け，自ら
学習に取り組む機会としたり，教師の指導力の向上につなげたりするために，活用できる大き
な財産でもある。そこで，更に適正で充実した学習評価をするために，『高等学校学習指導要
領（平成30年告示）』の「第1章　総則」に以下のことが示されている。

・生徒のよい点や進歩の状況などを積極的に評価し，学習したことの意義や価値を実感でき
るようにすること。また，各教科・科目等の目標の実現に向けた学習状況を把握する観点
から，単元や題材など内容や時間のまとまりを見通しながら評価の場面や方法を工夫して，
学習の過程や成果を評価し，指導の改善や学習意欲の向上を図り，資質・能力の育成に生
かすようにすること。
・創意工夫の中で学習評価の妥当性や信頼性が高められるよう，組織的かつ計画的な取組を
推進するとともに，学年や学校段階を越えて生徒の学習の成果が円滑に接続されるように
工夫すること。

❷適切な学習評価を行うために

　適切な学習評価を行うためには，常に PDCA サイクルを念頭に指導と評価を繰り返すこと
である。一部の教師の中には指導と評価を別物と考えている人がいる。しかし，再三再四記載
しているように，指導と評価は表裏一体のものであり，指導と評価の一体化と呼ばれる所以で
もある。指導があれば評価があり，評価があれば指導がある。指導が先か，評価が先か，まる
で鶏が先か，卵が先かなどと問答をしている場合ではない。

　PDCA サイクルは学校や学年で共有化し，評価は目標達成のための流れの一部分に過ぎな
いと考えるべきである。外国語においては以下のサイクルが成り立つ。

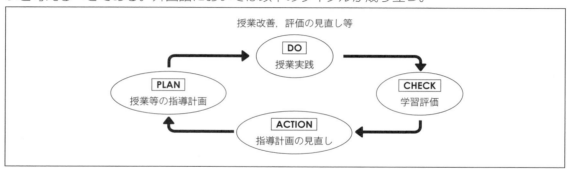

4 評価の観点（詳細）

❶新たな３つの教育目標

外国語科においても，他教科と同様，教育目標が３つの柱からなることとなった。改めて目標と内容を確認すると以下の通りである。

①知識及び技能【何を理解しているか（知識），何ができるか（技能）】

②思考力，判断力，表現力等【理解していること（知識），できること（技能）をどう使うか（思考力，判断力，表現力等）】

③学びに向かう力，人間性等【どのように社会・世界と関わり，よりよい人生を送るか】

これらの３つの目標を達成するために，さまざまな学習を通して，生徒の観点別学習状況の評価を行うこととなる。図式化すると以下の通りである。

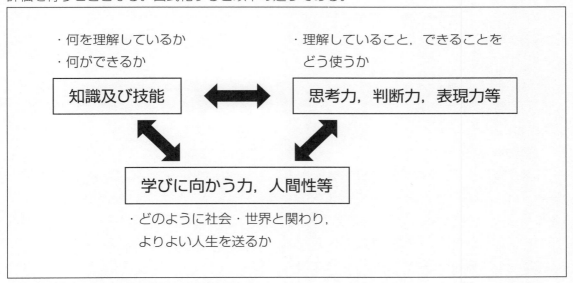

❷観点別学習状況の評価の実際

高等学校においても，従来から，小・中学校と同様に観点別学習状況の評価を行うことになっていたが，実際は指導要録の記載に関して，『「指導と評価の一体化」のための学習評価に関する参考資料　高等学校　外国語』に，次のように書かれている。

【高等学校における観点別学習状況の評価の扱いについて】

○　高等学校においては，従前より観点別学習状況の評価が行われてきたところであるが，地域や学校によっては，その取組に差があり，形骸化している場合があるとの指摘もある。「平成29年度文科省意識調査」では，高等学校が指導要録に観点別学習状況の評価を記録し

ている割合は，13.3%にとどまる。そのため，高等学校における観点別学習状況の評価を更に充実し，その質を高める観点から，今後国が発出する学習評価及び指導要録の改善等に係る通知の「高等学校及び特別支援学校高等部の指導要録に記載する事項等」において，観点別学習状況の評価に係る説明を充実するとともに，指導要録の参考様式に記載欄を設けることとする。

　そこで，「高等学校及び特別支援学校高等部の指導要録に記載する事項等」に記載されている部分を見ると，

(1)各教科・科目の観点別学習状況

　高等学校及び特別支援学校（視覚障害，聴覚障害，肢体不自由又は病弱）高等部における各教科・科目の観点別学習状況については，高等学校学習指導要領（平成30年文部科学省告示第68号）及び特別支援学校高等部学習指導要領（平成31年文部科学省告示第14号）（以下「高等学校学習指導要領等」という。）に示す各教科・科目の目標に基づき，学校が生徒や地域の実態に即して定めた当該教科・科目の目標や内容に照らして，その実現状況を観点ごとに評価し記入する。その際，「十分満足できる」状況と判断されるものをA，「おおむね満足できる」状況と判断されるものをB，「努力を要する」状況と判断されるものをCのように区別して評価を記入する。

　高等学校及び特別支援学校（視覚障害，聴覚障害，肢体不自由又は病弱）高等部における各教科・科目の評価の観点について，高等学校は，高等学校学習指導要領等を踏まえ，別紙5を参考に設定する。

(2)各教科・科目の評定

　高等学校及び特別支援学校（視覚障害，聴覚障害，肢体不自由又は病弱）高等部における各教科・科目の評定については，高等学校学習指導要領等に示す各教科・科目の目標に基づき，学校が生徒や地域の実態に即して定めた当該教科・科目の目標や内容に照らし，その実現状況を総括的に評価して，「十分満足できるもののうち，特に程度が高い」状況と判断されるものを5，「十分満足できる」状況と判断されるものを4，「おおむね満足できる」状況と判断されるものを3，「努力を要する」状況と判断されるものを2，「努力を要すると判断されるもののうち，特に程度が低い」状況と判断されるものを1のように区別して評価を記入する。

　評定に当たっては，評定は各教科・科目の学習の状況を総括的に評価するものであり，「(1)観点別学習状況」において掲げられた観点は，分析的な評価を行うものとして，各教科・科目の評定を行う場合において基本的な要素となるものであることに十分留意する。その際，評定の適切な決定方法等については，各学校において定める。（下線部筆者）

となっている。そこで，指導要録を確認する。

❸ 指導要録の実際

観点別学習状況及び評定を書く指導要録（様式２：指導に関する記録）は次のようになっている（抜粋）。

各教科・科目等の学習の記録														
		第１学年			第２学年			第３学年			第４学年			
各教科・科目等		学習状況別	観点別	評定	修得単位数	学習状況別	観点別	評定	修得単位数	学習状況別	観点別	評定	修得単位数	
教科等	科目等	況別		定	数	況別		定	数	況別		定	数	
各学科	外国語		AAA	5	2									

この表の各学年に，観点別学習状況欄には３つの観点を A 〜 C で記入し，評定欄には５〜１を記入することになる。

❹観点別学習状況の評価の観点

観点別学習状況の評価を行うためには，評価規準を作成する必要がある。その際，生徒の学習状況を分析的に捉えるものが，評価の観点となる。

評価の観点は，旧学習指導要領で示された観点とは異なり，改訂後は，小・中・高等学校共通で，しかも全教科同じ観点となっている。

【学習評価のための観点の改善】

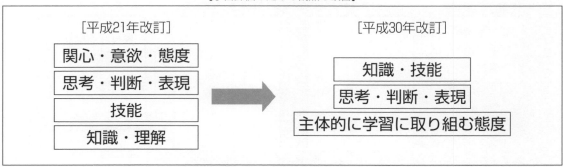

簡単に比較すると，平成21年改訂の観点では，「知識・理解」と「技能」とが２つに分かれていたが，平成30年改訂からは，それらが１つに合体して，「知識・技能」となった。これらは，基本的には別物ではあるが，関連性が強いことにより，１つにまとめられている。

また，平成21年改訂の「関心・意欲・態度」の表記では曖昧模糊としていたことから，内容を更に明確になるように「主体的に学習に取り組む態度」と改めている。これらは，評価を更に充実したものとするための改善策でもある。

5 評価の3つの観点

　観点別学習状況の評価を行う際には，3つの観点から評価することになる。評価規準を作成する場合にも，この観点に基づいて設定することになる。

　「平成29年度文部科学省委託調査　学習指導と学習評価に対する意識調査　報告書」によると，「観点別学習状況の評価は実践の蓄積があり，定着してきている」に対して，「そう思う」または「まあそう思う」と回答した割合は，小学校・中学校では80%を超えているのに対し，高等学校では約45%にとどまっている。このような状況から，国として，高等学校における観点別学習状況の評価の更なる充実を求め，質や内容を高めることとしている。

　また，評価は，当然のことではあるが，学習指導要領に示された外国語科の目標や内容に照らして学習状況を評価するものであり（目標に準拠した絶対評価），学年やクラスでの相対的な位置付けを評価する相対評価ではない。評価の基本構造は以下のようになっている。

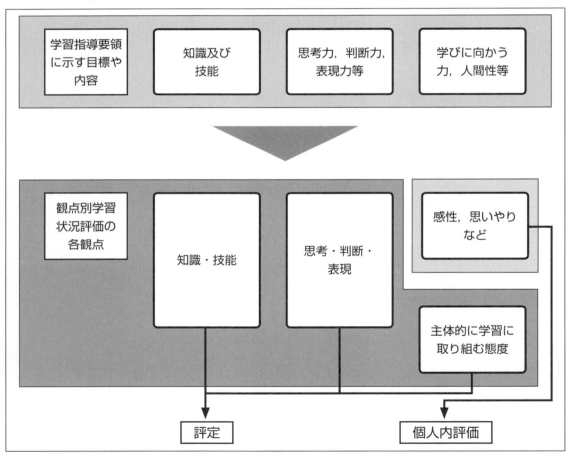

　3つの評価の観点は次のようになる。

❶「知識・技能」

「知識・技能」とは以下の通りである。

> ・外国語の音声や語彙，表現，文法，言語の働きなどについて理解を深めている。
> ・外国語の音声や語彙，表現，文法，言語の働きなどの知識を，聞くこと，読むこと，話すこと，書くことによる実際のコミュニケーションにおいて，目的や場面，状況などに応じて適切に活用できる技能を身に付けている。

　１つ目が「知識」，２つ目が「技能」である。「知識」は，授業などで学習した音声や語彙，表現，文法，言語の働きや既習の事柄を理解していることである。一方，「技能」は，理解している知識を用いて，実際のコミュニケーションの中で活用することである。

❷「思考・判断・表現」

「思考・判断・表現」とは以下の通りである。

> ・コミュニケーションを行う目的や場面，状況などに応じて，日常的な話題や社会的な話題について，外国語で情報や考えなどの概要や要点，詳細，話し手や書き手の意図などを的確に理解したり，これらを活用して適切に表現したり伝え合ったりしている。

　「思考・判断・表現」は，知識を活用できる状態にして，目的や場面，状況等に合わせながら，相手の考えを理解し，情報を整理しながら，複合的に自分の考えをまとめたり再確認して，即興や臨機応変にコミュニケーションを図ることである。したがって，さまざまな言語活動の場面を通して，「思考・判断・表現」を評価することになる。

❸「主体的に学習に取り組む態度」

「主体的に学習に取り組む態度」とは以下の通りである。

> ・外国語の背景にある文化に対する理解を深め，聞き手，読み手，話し手，書き手に配慮しながら，主体的，自律的に外国語を用いてコミュニケーションを図ろうとしている。

　「主体的に学習に取り組む態度」は，挙手の回数や毎時間ノートを取っているかなどの性格や行動面の態度ではない。知識や技能を主体的に獲得しようと努力したり，言語活動の中で，思考力・判断力・表現力を身に付けようと粘り強く取り組んだり，自ら学習方法を改善したりするなど，学習において主体的に自己調整している姿のことである。

　これらの３つの観点ごとに，授業内での活動観察やペーパーテスト，パフォーマンステストなどをa，b，cの３段階で評価し，学期末には，それらの評価を観点ごとに総括し，A，B，Cの３段階で評価する。また，それらの学期末ごとの評価を総括して，学年末の評価を出す。この評価から，最終的に観点別学習状況の評価の結果を総括して，５段階の評定に表す。

6 評価規準の設定方法

❶評価規準の作成

　評価規準を作成する際の注意点として，以下が重要になる。

①「知識」と「技能」を２つに分けて記入する。

②「知識・技能」「思考・判断・表現」「主体的に学習に取り組む態度」の３つの観点の評価規準の文末は，基本形に従って設定する。

③内容のまとまりとは，５つの領域（「聞くこと」「読むこと」「話すこと［やり取り］」「話すこと［発表］」「書くこと」）を表す。

④内容のまとまり（５領域）と観点（３観点）のマトリックスを作成する。最大，５領域×３観点＝15項目を評価する。ただし，単元によっては，内容のまとまりのいくつかでペーパーテストや言語活動を実施しない場合もあるので，例えば，単元によっては，２領域（「話すこと［発表］」「書くこと」）×３観点＝６項目のみを評価する場合もある。要は，指導と評価の一体化を考えながら，指導も評価もしないのに，無理にマトリックスの項目だけを埋めることのないようにする。

⑤評価規準は年間のものと，単元ごとのものとを作成する。

❷評価規準の内容と文言

　評価規準を作成する際には，観点ごとの文言に注意しながら作成する必要がある。特に文末は，基本形があるので，それに従う。

	知識・技能	思考・判断・表現	主体的に学習に取り組む態度
内容の まとまり （領域）	〈知識〉 〜知っている。 〜理解している。 〈技能〉 〜技能を身に付けている。	〜している。	〜しようとしている。

　これは，あくまでも基本形であり，学校や生徒の状況によっては，完全に踏襲すべきものでもない。

　書く内容としては，目的等，話題，内容，言語材料などがあるが，指導の中で，何をねらって指導するのかなど，教師の指導により，さまざまなことが考えられる。それらを書き込むことが自然なことである。ここでも，指導と評価の一体化を意識しながら作成することが重要である。

❸評価規準例

ある単元を想定して，評価規準を設定すると以下のようになる。

	知識・技能	思考・判断・表現	主体的に学習に取り組む態度
聞くこと	〈知識〉 仮定法過去完了形を理解している。 〈技能〉 環境問題について，話の概要や要点を聞き取る技能を身に付けている。	目的や場面，状況などに応じて，環境問題について，必要な情報や概要を聞き取っている。	環境問題について，理解を深め，話し手に配慮しながら，主体的に話を聞こうとしている。
読むこと	〈知識〉 仮定法過去完了形を理解している。 〈技能〉 環境問題について，話の概要や要点を読み取る技能を身に付けている。	目的や場面，状況などに応じて，環境問題について，必要な情報や概要を読み取っている。	環境問題について，理解を深め，書き手に配慮しながら，主体的に書かれていることを読もうとしている。
話すこと[や]	〈知識〉 仮定法過去完了形を理解している。 〈技能〉 環境問題について，情報や考え，気持ちなどを，伝え合う技能を身に付けている。	目的や場面，状況などに応じて，環境問題について，情報や考え，気持ちなどを，論理的に話して伝え合っている。	環境問題について，理解を深め，聞き手，話し手に配慮しながら，主体的に伝え合おうとしている。
話すこと[発]	〈知識〉 仮定法過去完了形を理解している。 〈技能〉 環境問題について，情報や考え，気持ちなどを，論理性に注意して話して伝える技能を身に付けている。	目的や場面，状況などに応じて，環境問題について，情報や考え，気持ちなどを，論理的に話して伝えている。	環境問題について，理解を深め，聞き手に配慮しながら，主体的に話そうとしている。
書くこと	〈知識〉 仮定法過去完了形を理解している。 〈技能〉 環境問題について，情報や考え，気持ちなどを，論理性に注意して書いて伝える技能を身に付けている。	目的や場面，状況などに応じて，環境問題について，情報や考え，気持ちなどを，論理的に書いて伝えている。	環境問題について，理解を深め，読み手に配慮しながら，主体的に書こうとしている。

※[や]＝やり取り，[発]＝発表

7 評価の進め方

❶授業内の評価の進め方

評価を行う際には，細やかな手順を踏む必要がある。進め方は以下の通りである。

①普段の授業（単元別）の中で，言語活動やパフォーマンステスト，小テストやペーパーテスト，期末考査などを，内容のまとまりごとに3つの観点に分け，「a＝十分満足できる」，「b＝おおむね満足できる」，「c＝努力を要する」の3段階で評価する。その際，3段階の評価の基準を事前に設定しておく必要がある。時には，生徒にその基準を周知し，パフォーマンステストやペーパーテストに主体的に関わるようにさせる。例えば，「話すこと［発表］」の活動観察の中で，「知識・技能」を評価する基準は以下のようなものがある。

評価の基準（以下の基準で評価する。）

（観察による）・スムーズに発表を行っている……………………………………… a
・おおむね発表を行っている……………………………………… b
・発表が成り立っていない……………………………………… c

これを，下の一覧表に記載していく。

	活動観察		パフォーマンステスト	話すこと［発表］	他の領域の評価	学期末の観点別評価
	単元1	単元2				
知識・技能	a	a	b	a	（a〜c）	（A〜C）
思考・判断・表現	a	a	a	a	（a〜c）	（A〜C）
主体的に学習に取り組む態度	b	a	b	b	（a〜c）	（A〜C）

②例えば，上記の表のように，学期内に活動観察2回とパフォーマンステスト1回の計3回の発表を評価する場面があり，「知識・技能」の観点では aab の評価をし，「思考・判断・表現」の観点では aaa の評価をしている。また，「主体的に学習に取り組む態度」の観点では bab の評価をしている。これを学期末に，「話すこと［発表］」の評価として観点ごとに総括することになる。総括の方法は以下の2つの方法が考えられる。

1）例えば，a＝3点，b＝2点，c＝1点と数値化する方法である。この場合，3度の評価場面があることから，3点〜9点に分布する。それを，a：8点以上，b：5点〜7点，c：3点及び4点と定める。すると，「話すこと［発表］」の「知識・技能」は aab から8点となり，結果，a と総括される。同じように，「思考・判断・表現」は aaa から9点で a，「主体的に学習に取り組む態度」は bab から7点で b となる。これらのルールは，各学校で決めることになる。

2）2つ目は，a，b，cの数の比率で判断する方法である。例えば，3度の評価場面があった場合，以下のルールを定める。

・aaa ＝ a（全てaの場合）

・aab ＝ a（aの数が多いことから）

・aac ＝ a（aの数が多いことから）

・abb ＝ b（bの数が多いことから）

・abc ＝ b（aとcが相殺される）

・acc ＝ c（cの数が多いことから。ただし，a評価の重要度からbも考えられる）

・bbb ＝ b（全てbの場合）

・bbc ＝ b（bの数が多いことから）

・bcc ＝ c（cの数が多いことから）

・ccc ＝ c（全てcの場合）

このような判断のルールも，学校で定めることになる。

なお，例として示している3回の評価は，活動観察が2回，パフォーマンステストが1回である。これらの評価は重要度を並列に考えることができるかどうかである。パフォーマンステストの準備も発表にも時間をかけて，じっくり取り組ませていたとしたら，このパフォーマンステストの評価の度合いを高くすることも考えられる。例えば，数値の場合には，a＝5点，b＝3点，c＝1点などである。また，数の比率の場合パフォーマンステストの部分がaで，abbの結果が出たとしても，総括はaにするルールを適用することも考えられる。ここでも，指導と評価の一体化から，教師がしっかりと戦略と戦術を持って対応することである。

❷学期末の評価の進め方

学期末には，それまでの内容のまとまりごとに得られた結果を一覧表にまとめる。そして，観点ごとに総括して，学期末の観点別評価を出す。例えば，以下の通りである。

	聞くこと	読むこと	話すこと[やり取り]	話すこと[発表]	書くこと	学期末の観点別評価
知識・技能	a	a	b	a	a	A
思考・判断・表現	b	b	b	a	b	B
主体的に学習に取り組む態度	b	b	b	b	b	B

学期末の評価は，それまでの授業での内容のまとまり別の評価（ここでは，aabaaなど）を総括し，観点別評価「A＝十分満足できる」「B＝おおむね満足できる」「C＝努力を要する」で表す。

「A」「B」「C」へ総括するルールも，各学校であらかじめ決めておく。例えば，a＝3点，

$b = 2$点，$c = 1$点と数値に置き換えて，５つの領域を５点～15点の範囲で定める。例えば，12点以上なら A，11点～８点は B，７点以下は C などと数値で総括する場合と，❶②の２）と同様に aabab の場合を A，aabbb の場合は B など，数の比率で総括する場合とが考えられる。

❸学年末の評価の進め方

　各学期に総括された観点別評価を，更にそれらを総括して，学年末の観点別評価とする。下の一覧表は，３学期制を想定してまとめている。学校によっては２学期制や４学期制のところもあり，それにより総括する。

	1学期 観点別評価	2学期 観点別評価	3学期 観点別評価	学年末の 観点別評価
知識・技能	A	B	B	B
思考・判断・表現	B	A	A	A
主体的に学習に 取り組む態度	A	A	A	A

　ここでも，数値化して総括する場合と，数の比率で総括する場合とが考えられる。しかし，３学期制を例に取れば，３学期は期間も短く，授業時間も他の学期より少なくなっている。定期テストの回数も少ないことも考えられる。そこで，３学期の度合いを減らすことも考えられる。例えば，A＝３点，B＝２点，C＝１点としていたものを，３学期は，A＝２点，B＝１点，C＝０点として，２点～８点の範囲で学年末の観点別評価を判断することにする。そこで，A を７点以上，B を４点～６点，C を２点及び３点などと定める。一方，３学期全てを，A＝３点，B＝２点，C＝１点とした場合には，学年末の観点別評価は３点～９点で判断する。最終的な学年末の観点別評価は，A は８点以上，B は５点～７点，C は３点及び４点とする。

　上記のルールに従って，具体的に見ていく。

・（学期を並列に評価した場合，１学期から順に）ABB＝７点（学年末の観点別評価：B）
　以下，同じように考えると，
・（学期を並列に見た場合）ABC＝６点（B）
・（３学期のみ減らす場合）ABC＝５点（B）
・（学期を並列に見た場合）ACC＝５点（B）
・（３学期のみ減らす場合）ACC＝４点（B）
・（学期を並列に見た場合）CCA＝５点（B）
・（３学期のみ減らす場合）CCA＝４点（B）

　以上から，どちらの場合でも，このルールに従うと，揺れがないことが分かる。
　また，数の比率で判断する場合にも，３学期の度合いを減らすことも考えられる。

❹評定への総括

　高等学校生徒指導要録の様式２（指導に関する記録）の各教科・科目等の学習の記録に，これまでの観点別学習状況と評定を記載することになる。観点別評価は**A**，**B**，**C**の３段階である。それを５段階の評定に総括するのである。それぞれの評価と評定の区分を確認する。

〇観点別学習状況の評価
　A：十分満足できる
　B：おおむね満足できる
　C：努力を要する
〇評定
　５：十分満足できるもののうち，特に程度が高い
　４：十分満足できる
　３：おおむね満足できる
　２：努力を要する
　１：努力を要すると判断されるもののうち，特に程度が低い

　どのように観点別学習状況の評価を評定に総括するかである。もちろん，これも学校でルールを定める必要がある。例えば，数値化するとしたら，ここでも，A＝３点，B＝２点，C＝１点として，３点〜９点を５段階に振り分ける。評定５＝９点，４＝７点及び８点，３＝６点，２＝４点及び５点，１＝３点とすることも考えられる。一方，数の比率で評定に総括する場合には，点数は無視して個数によるルールを定める。例えば，以下のようになる。

・AAA＝９点⇒5	・ACC＝５点⇒2
・AAB＝８点⇒4	・BBC＝５点⇒2
・AAC＝７点⇒4	・BCC＝４点⇒2
・ABB＝７点⇒4	・CCC＝３点⇒1
・ABC＝６点⇒3	
・BBB＝６点⇒3	

　なお，これらは例であって，学校によっては，AABを5とする場合や，ABBを3とする場合も考えられる。
　また，「主体的に学習に取り組む態度」の観点を，「知識・技能」や「思考・判断・表現」を重点的に指導した場合には，比率を低くすることも考えられる。要は，学校の状況や生徒の実態に合わせ，しかも，指導と評価の一体化を考えながら，評定まで評価を継続的に行うことが求められているのである。

Chapter **3**

高等学校外国語の
新3観点の
学習評価の実際

1 「聞くこと」の学習評価

❶「聞くこと」の評価に何を求めるのか

「聞くこと」の評価については，話されている事柄について，全てを聞き取るのではなく，日常的な話題においては，必要な情報を聞き取り，話し手の考えや意見，意向を把握することができているかを評価し，社会的な話題では，話されている事柄のおおよその内容や全体の流れ，話し手の主な考えなどを聞きもらすことなく，把握できているかを評価する。この領域では，情報を得るソースとして，スピーチや対話，ニュースなどの放送や映画など多岐にわたっている。教科書のリスニング問題だけで評価するのではなく，単元の発展形として，さまざまな状況下で行われる対話や放送なども取り上げて，「聞くこと」の言語能力が向上するように指導することは，生涯にわたる英語教育の礎ともなり得る。そのためにも，指導と評価を繰り返しながら，「聞くこと」の育成を図る。

❷どのような点を評価するのか

「聞くこと」においては，3観点でどのような点に注意して評価するのか，以下に示す。
① 「知識・技能」
　　新出語彙や表現，文法事項，既習の語彙や表現などの理解の程度や，それらを用いた文や文章，スピーチや対話などの内容を聞き取る技能を評価する。
② 「思考・判断・表現」
　　話されている事柄について，必要な情報を得たり，話の概要を理解したり，話し手の意向を聞き取ることができているかを評価する。
③ 「主体的に学習に取り組む態度」
　　話されている事柄を理解しようと集中して聞いたり，分からないことがある場合には，聞き返したりして，主体的に理解の程度を増す努力をしている姿を評価する。

❸「聞くこと」の評価規準（❹の評価規準）

知識・技能	思考・判断・表現	主体的に学習に取り組む態度
・関係代名詞について理解している。 ・関係代名詞を基に，会話の内容を聞き取る技能を身に付けている。	教科書の文章を聞いて，ごみ問題に関して，必要な情報や要点を聞き取っている。	教科書の文章を聞いて，ごみ問題に関して，必要な情報や要点を聞き取ろうとしている。

❹評価の実際

「知識・技能」

　「聞くこと」の「知識」を評価するには，単元で学習した語彙や表現，文法事項などについて理解しているかどうかを評価する。小学校では，学習した語句や表現を聞いて，それに合致したイラストを選ぶことからスタートし，会話数の少ないやり取りを聞き取らせる段階まで行っている。高等学校でも，生徒の状況によっては，この段階から始めることも考えられるが，「知識」の評価であることから，新出語彙や表現，文法事項を含んだ英文を聞かせて，内容が理解できているかどうかで判断する。

（例）Johnny Depp is an actor who played the role of a pirate in "Pirates of the Caribbean."

　また，「聞くこと」の「技能」を評価するには，さまざまな会話やスピーチ，文章の中で，学習した語句や表現，文法事項を基に，会話の内容を聞き取る技能が身に付いているかどうかを確認する。例えば，以下のような会話文を聞かせる。

（例）A：Do you know anything about Johnny Depp?

　　　B：He is an actor. He played the role of a pirate in "Pirates of the Caribbean."

　　　A：So, Johnny Depp is an actor who played the role of a pirate in "Pirates of the Caribbean."

　　　B：Yes, that's right. He is my favorite actor.

「思考・判断・表現」

　「聞くこと」の「思考・判断・表現」を評価するには，教科書本文を基に，例えば，会話やスピーチ，文章の中で，場面や状況を適切に判断し，必要な情報や概要，要点を聞き取ったり捉えたりしているかを判断する。例えば，以下の英文を聞かせる。

（例）The runners who finish the race are surprised to find that the litter includes everyday objects like bags or telephones. They hope the event will get as much attention as the original Hakone Ekiden, and that people will stop throwing things by the road in the future.

　ただし，教科書本文をそのまま聞かせて，内容について問う問題は，記憶力に頼る問題になっていないかどうか確認することが必要である。

「主体的に学習に取り組む態度」

　「聞くこと」の「主体的に学習に取り組む態度」を評価するには，生徒の状況にもよるが，上記の「知識・技能」または「思考・判断・表現」とともに評価することが望ましい。

2 「読むこと」の学習評価

❶ 「読むこと」の評価に何を求めるのか

　「読むこと」の評価については，日常的な話題においては，さまざまな電子メールや手紙，パンフレットなどから必要な情報を読み取ったり，書き手の意図を把握したりすることができているかを評価し，社会的な話題では，説明文や論説文，フィクションやノンフィクションなどの文章から，自分の必要な情報を読み取ったり，内容や流れを理解したり，概要や要点を把握できているかを評価する。

　また，生徒の状況によっては，音読も評価の対象になる。語彙を正しく発音できるか，正しいイントネーションで英文を読むことができるかなども評価できる。英語として正しい発音や正しい音読は，「話すこと［やり取り］」や「話すこと［発表］」にもつながり，基礎基本として定着させることが，生涯教育の一環としても重要なことである。

❷ どのような点を評価するのか

　「読むこと」においては，3観点でどのような点に注意して評価するのか，以下に示す。
　①「知識・技能」
　　文章を読み取るために必要な語彙や表現，文法事項を理解していることや，音読を評価したり，書かれた文や文章を読み取ったりする技能を評価する。
　②「思考・判断・表現」
　　さまざまな状況下で書かれた文章や，さまざまなテーマについての著作物を読んで，内容や，概要，要点などを捉えているかを評価する。
　③「主体的に学習に取り組む態度」
　　語彙の発音に注意して英語らしく読んだり，主体的に内容や概要，要点などについて辞書などを用いながら理解しようと努力している姿を評価する。

❸ 「読むこと」の評価規準 (❹の評価規準)

知識・技能	思考・判断・表現	主体的に学習に取り組む態度
・現在完了形について理解している。 ・現在完了形を基に，内容を読み取る技能を身に付けている。	日本のアニメについて読み取り，必要な情報を把握したり，概要や要点を捉えたりしている。	日本のアニメについて読んで，必要な情報や要点を読み取ろうとしている。

❹評価の実際

「知識・技能」

　「読むこと」の「知識」を評価するには，読み取るために必要となる単元で学習した語彙や表現，文法事項などについて理解しているかどうかを評価する。高等学校では，中学校に比べて，新たに学習する文法事項が少ないことから，中学校で学習した文法事項など，さまざまな既習事項についても知識として定着しているかどうかを評価することも望まれる。「知識」を評価するには，例えば，学習した文法事項が理解できているかどうかを短文などで判断する程度でも構わない。例えば，次の英文を読ませて，読み取れているかどうかで判断する。

（例）I have been an anime fan for a long time.

　また，「読むこと」の「技能」を評価するには，学習した語彙や表現，文法事項を基に，さまざまな文章の中で，書き手の意図や意向を把握したり，書かれている内容や概要，要点を捉えたりする技能を身に付けているかどうかで判断する。例えば，以下のような文を読ませて評価する。

（例）I have been an anime fan for a long time. I think the stories are very interesting and the characters are very cute. I study hard here to create my own stories and characters for animation.

「思考・判断・表現」

　「読むこと」の「思考・判断・表現」を評価するには，例えば，教科書などのさまざまな文章を読んで，場面や状況を判断しながら，必要な情報を読み取り，概要，要点を捉え，書き手の考えや意図を把握しながら読んでいるかどうかで判断する。例えば，以下の英文を読ませる。

（例）Japanese animation has also become an important Japanese export. It was exported to the United States as early as 1963. Today, it is broadcast in more than 90 countries. The sales of anime-related products, such as DVDs and character goods, are about 3 billion dollars a year in the United States alone.

　ただし，教科書本文の内容について問う問題は，記憶力に頼ることになるので注意が必要である。

「主体的に学習に取り組む態度」

　「読むこと」の「主体的に学習に取り組む態度」を評価するには，生徒の状況にもよるが，上記の「知識・技能」または「思考・判断・表現」とともに評価することが望ましい。

3 「話すこと [やり取り]」の学習評価

❶「話すこと [やり取り]」の評価に何を求めるのか

「話すこと [やり取り]」の評価については，日常的な話題においては，話す相手の情報や考え，気持ちなどを適切に把握し，それらを基に自分の情報，考えや気持ちなどを正しく相手に伝えているかを評価し，社会的な話題では，相手の論理や意向を捉えながら，自分の考えを論理的に組み立て，理由や根拠を明らかにしながら伝えることができているかを評価する。

その際，一方的に話すのではなく，相手の話をしっかりと聞き，聞きながら自分の考えをまとめたり，再確認したりしながら，自然な流れでのやり取りになっているかも加えて評価することが大切である。このように，円滑なコミュニケーションを図り，他の人とよい人間関係を構築することが，生涯教育の一環としても重要なことである。

❷どのような点を評価するのか

「話すこと [やり取り]」においては，3観点でどのような点に注意して評価するのか，以下に示す。

①「知識・技能」
　　やり取りをするために必要な語彙や表現，文法事項を理解し，コミュニケーションを行う場面や状況に応じて，情報や考え，気持ちなどを伝え合う技能を評価する。
②「思考・判断・表現」
　　さまざまな状況や場面で，相手の情報や考え，気持ちなどを捉えながら，情報や考え，気持ちなどを論理的に伝えているかを評価する。
③「主体的に学習に取り組む態度」
　　やり取りにおいて，相手の話をさまざまな知識を集大成しながら理解しようとしたり，相手にさまざまな手段や方法を駆使して，正確に伝わるように努力している姿を評価する。

❸「話すこと [やり取り]」の評価規準（❹の評価規準）

知識・技能	思考・判断・表現	主体的に学習に取り組む態度
・比較を理解している。 ・比較を基に，自分の好きなことについて，やり取りできる技能を身に付けている。	あるテーマについて，情報や考え，気持ちなどを，根拠を明確にしながら話して伝え合っている。	あるテーマについて，情報や考え，気持ちなどを，根拠を明確にしながら話して伝え合おうとしている。

❹評価の実際

「知識・技能」

　「話すこと［やり取り］」の「知識」を評価するには，単元で学習した語彙や表現，文法事項などについて理解しているかどうかを評価する。小学校では，教師とのやり取りの中で（インタビュー），これらの語彙や表現を理解しているかどうかで判断している。例えば，以下の通りである。

（例）教師：What animal do you like the best?

　　　児童：I like dogs.

　このように，インタビューが最も適切な評価方法である。高等学校においても，学習した語彙や表現，文法事項を含んだ内容でインタビューすることは可能である。

　また，「話すこと［やり取り］」の「技能」を評価するには，実際に生徒同士でテーマを設けてやり取りさせることで判断できる。評価方法は，活動観察や，モデルとしてクラスで発表させるなどである。例えば，以下のようなやり取りで評価する。

（例）A：What is the sport you like the best?

　　　B：Table tennis is the sport I like the best.

　　　A：Why do you like it?

　　　B：Because it is very exciting.

「思考・判断・表現」

　「話すこと［やり取り］」の「思考・判断・表現」を評価するには，さまざまな日常的な話題や社会的な話題のテーマについて，実際にやり取りをさせて，情報や考え，気持ちなどについて話し続けたり，論理的に話して伝えたりしているかを判断する。

　例えば，生徒の状況により，趣味や好きな食べ物，卒業後の夢などについての日常的な話題から，環境問題や平和問題，人権問題などの社会的な話題について，根拠や考えを明らかにしながらやり取りを続けさせる。また，あるテーマについて，賛成の立場と反対の立場に分かれてディベートさせ，その立論や反駁などについて評価することも可能である。ただし，これらを評価するためには，教師がやり取りやディベートのよいモデルをたくさん提示することが求められる。

「主体的に学習に取り組む態度」

　「話すこと［やり取り］」の「主体的に学習に取り組む態度」を評価するには，生徒の状況にもよるが，上記の「知識・技能」または「思考・判断・表現」とともに評価することが望ましい。

4 「話すこと［発表］」の学習評価

❶「話すこと［発表］」の評価に何を求めるのか

「話すこと［発表］」の評価については，身近な出来事や家庭生活などの日常的な話題においては，多くの時間を用いて準備し，身近なことに関する情報や考え，気持ちなどを根拠や理由を基に論理的に聞き手に話して伝えているかを評価し，社会的な話題では，さまざまに得た情報を基に，情報や考え，気持ちなどを根拠や理由を基に論理的に聞き手に話して伝えているかを評価する。「話すこと［発表］」では，聞き手を説得できるように論理展開したりすることも必要になる。活動としては，スピーチやプレゼンテーション，ディベートやディスカッションなどが考えられるが，ペアやグループでのミニスピーチなども考えられる。これらは，将来の社会生活において必要となる能力（発表能力，交渉能力など）にも直結するものである。

❷ どのような点を評価するのか

「話すこと［発表］」においては，3観点でどのような点に注意して評価するのか，以下に示す。
①「知識・技能」
　話す際に必要となる語句や表現を知り，効果的な発表方法を理解するとともに，テーマについての情報や考え，気持ちなどを，論理的に話して伝える技能を評価する。
②「思考・判断・表現」
　発表を行う目的や場面，状況に応じて，さまざまなテーマについて，情報や考え，気持ちなどを，聞き手に伝わるように論理的に話して伝えることができているかを評価する。
③「主体的に学習に取り組む態度」
　効果的な発表方法や発表内容を工夫したり，聞き手に自分の考えや気持ちが少しでも伝わるように，主体的に改善しようと努力している姿を評価する。

❸「話すこと［発表］」の評価規準（❹の評価規準）

知識・技能	思考・判断・表現	主体的に学習に取り組む態度
・効果的な発表方法を理解している。 ・効果的な発表方法で，地球問題，環境問題について，話して伝える技能を身に付けている。	地球問題，環境問題について，情報や考え，気持ちなどを，聞き手に伝わるように，論理的に話して伝えている。	地球問題，環境問題について，情報や考え，気持ちなどを，聞き手に伝わるように，論理的に話して伝えようとしている。

❹評価の実際

「知識・技能」

　「話すこと［発表］」の「知識」を評価するには，単元で学習した語彙や表現，文法事項などについて理解しているかどうかを評価する。加えて，発表に際して，声の大きさ，視線，立ち居振る舞い，プレゼンテーションでの視聴覚機器の効果的な利用方法，読み原稿の扱い方など，さまざま効果的な発表方法についても基礎基本として指導し，それらについても評価することができる。初めは，簡単なテーマを扱い，ペアやグループで発表し合い，それらの活動を評価する。特に理由や根拠を明らかにさせることが重要である。例えば，以下のような１文でも判断できる。

（例）It is natural that we should give our seat to elderly people on buses and trains.

　また，「話すこと［発表］」の「技能」を評価するには，実際のスピーチの中で，学習した「知識」を基に，情報や考え，気持ちなどを，論理的に話して伝える技能を身に付けているかどうかで判断する。例えば，以下のようなスピーチである。

（例）How seriously do we think about global issues? Our world is so big that we seem to be indifferent to people far from us. I think we need to change our way of thinking in order to see global issues as our own. Let me show you how.

「思考・判断・表現」

　「話すこと［発表］」の「思考・判断・表現」を評価するには，実際に，さまざまな日常的な話題や社会的な話題のテーマについて発表させて，情報や考え，気持ちなどについて理路整然とした流れで，論理的に話して伝えているかどうかを判断する。特に，聞き手に十分に根拠や内容が伝わっているかを重視する。一方的に話していないか，独りよがりの発表になっていないかなどに注意する。

　テーマは，時には教科書から離れて，生徒の興味・関心に合わせてテーマを決めることが効果的である。例えば，生徒の状況により，好きな音楽，卒業後の進路，40歳の私をテーマに将来像を発表させる。また，環境問題や平和問題，人権問題などを理由や考えを明確にして発表させる。これらを評価するためには，発表のよいモデルを多く提示することが求められる。

「主体的に学習に取り組む態度」

　「話すこと［発表］」の「主体的に学習に取り組む態度」を評価するには，生徒の状況にもよるが，上記の「知識・技能」または「思考・判断・表現」とともに評価することが望ましい。

5 「書くこと」の学習評価

❶「書くこと」の評価に何を求めるのか

　「書くこと」の評価については，身近な出来事や家庭生活などの日常的な話題においては，多くの時間を用いて準備し，身近なことに関する情報や考え，気持ちなどを根拠や理由を段落を用いて書いて伝えているかを評価し，社会的な話題では，さまざまに得た情報を基に，情報や考え，気持ちなどを根拠や理由とともに段落を用いて書いて伝えているかを評価する。「書くこと」は，学年によっては，ニュースや講演などを聞いたり読んだりして得たさまざまな情報を基に，複数の段落を用いて書いたり，読み手を説得できるように書いたりするなど，効果的に書くための手法を用いることが大切である。これらは，将来の社会生活において必要となる能力（書く能力，伝える能力など）にも直結するものである。

❷どのような点を評価するのか

　「書くこと」においては，3観点でどのような点に注意して評価するのか，以下に示す。
　①「知識・技能」
　　　新出語彙や表現，文法事項，既習の語彙や表現などに加え，効果的な書き方を理解するとともに，それらを用いて情報や考え，気持ちなどを，論理的に書いて伝える技能を評価する。
　②「思考・判断・表現」
　　　さまざまなテーマについて，情報や考え，気持ちなどを，読み手に伝わるように論理的に書いて伝えることができているかを評価する。
　③「主体的に学習に取り組む態度」
　　　読み手に伝わるように工夫して書き，自分の考えや気持ちが少しでも伝わるように，主体的に英文を改善している姿を評価する。

❸「書くこと」の評価規準（❹の評価規準）

知識・技能	思考・判断・表現	主体的に学習に取り組む態度
・S＋V＋O＋to 不定詞を理解している。 ・S＋V＋O＋to 不定詞を基に，情報や考え，気持ちなどを書いて伝える技能を身に付けている。	テーマについて，情報や考え，気持ちなどを，理論的に書いて伝えている。	テーマについて，読み手に伝わるように，情報や考え，気持ちなどを，主体的に書こうとしている。

❹評価の実際

「知識・技能」

「書くこと」の「知識」を評価するには，単元で学習した語彙や表現，文法事項などについて理解しているかどうかを評価する。特に「書くこと」については，生徒にとっては情意フィルターが高く，苦手としている場合が多い。特に新出語彙や表現，文法事項については，初めから書かせるのではなく，「聞くこと」や「読むこと」，「話すこと［やり取り］」を通して十分に理解し，口頭で活用できるようにしてから書かせ，それを評価することが望ましい。例えば，教師が文法説明した後に，すぐに書かせて，それを評価するのでは，真の「書くこと」の評価とは言えない。十分に慣れ親しんだ後に書かせて評価するのが筋である。例えば，次の1文でも判断できる。

（例）I want Mai to come to my birthday party.

また，「書くこと」の「技能」を評価するには，学習した「知識」を基に，あるテーマについて，情報や考え，気持ちなどを，論理的に書く技能を身に付けているかどうかで判断する。例えば，以下のように書かせる。

（例）Tomorrow, January 14th is my birthday. I will have a birthday party tomorrow. I want Mai, Yui and Takahiro to come to my birthday party. Will you invite them to the party?

「思考・判断・表現」

「書くこと」の「思考・判断・表現」を評価するには，実際に，さまざまな日常的な話題や社会的な話題のテーマについて書かせ，情報や考え，気持ちなどについて，論理的に英文で書いているかどうかを判断する。特に，読み手に十分に根拠や内容が伝わるかどうかを重視する。

テーマは，時には教科書から離れて，生徒の興味・関心に合わせてテーマを決めることも効果的である。例えば，生徒の状況にもよるが，写真やイラストを提示して，思ったことや考えたことを自由に創作させたり，ある文章を読ませて，感じたことや思ったことなどを自由に書かせたりする。また，社会的な話題として，環境問題や平和問題，人権問題などを理由や考えが明確になるように書かせる。これらを評価するためには，よい英文のモデルを多く提示することが求められる。

「主体的に学習に取り組む態度」

「書くこと」の「主体的に学習に取り組む態度」を評価するには，生徒の状況にもよるが，上記の「知識・技能」または「思考・判断・表現」とともに評価することが望ましい。

Chapter 4

新3観点の
ペーパーテスト&
パフォーマンス
テスト例

1 「聞くこと」の評価例

教科書本文（例） 　　　　　【Lingua-Land English Course Ⅰ（教育出版）2002年】

> In Japan, we make the V-sign when we take a picture or when we succeed. The V-sign is popular all over the world because of Winston Churchill. He was the prime minister of Britain. The "V" was his sign for victory over the Nazis.
>
> Sammy Sosa was a famous baseball player in the U.S. Major Leagues. He made a special sign when he hit a home run. His sign was for his fans and his family.
>
> Many people send messages with their hands. Why don't you try to make signs with your hands?

【新出語彙】

succeed / Winston Churchill / prime minister / Britain / victory / Nazi(s) / Sammy Sosa / the U.S. Major Leagues / special / message(s)

【新出語句・表現】

all over the world / Why don't you 〜? / try to 〜

【文法事項・構文等】

- be 動詞（現在形，過去形）
- 一般動詞（現在形，過去形）

❶「知識・技能」の評価

　「聞くこと」の領域における「知識・技能」を評価するには，聞き取る語句や文について，正しく意味や内容を捉えることができているかどうかで判断する。英語を苦手とする生徒にとっては，「聞いても分からない」「聞く気もしない」と初めから聞くことに対して，否定的に捉えている場合が多い。そこで，初めは聞き取る語句や英文の数や量を少なく，しかも，簡単な語句や表現から始め，「あれ？聞こえるよ」「なんか分かるな」といった達成感を持たせることが重要である。また，「聞くこと」の評価を行う際には，授業内では音の聞き取り，ディクテーション（「聞くこと」の重視），教師とのインタラクション（インタビュー），リスニングテスト，他の生徒の発表を聞いての内容把握で行う。定期考査ではリスニングテストから評価をする。

【評価規準】（生徒の状況に合わせながら，評価規準を設定する。）

「知識」b と v の音の違いを理解するとともに，be 動詞や一般動詞の使い方を理解している。

「技能」b と v の音の違いや，be 動詞や一般動詞の使い方を基に，話されていることについて，意味や概要，要点を聞き取る技能を身に付けている。

（１）授業内での評価

音の聞き取り

授業で指導した発音の確認を行う。教師の英語を聞いて，(a) か (b) のどちらの語が発音されたかを選ばせる。(V-sign や baseball の発音指導後)

| ① | (a) bow | / | (b) vow | ② | (a) base | / | (b) vase | ③ | (a) bat | / | (b) vat |
| ④ | (a) best | / | (b) vest | ⑤ | (a) berry | / | (b) very |

ポイント

何度も発音を聞かせた後に，教師が発音した方の記号に手を挙げさせたり，小テストで確認したりする。また，ペアやグループで出し合わせることで，発音することが楽しい活動になる。(小テスト)

評価の基準（正答数により，以下の基準で評価する。）

（５問中）・４問以上正解の場合……………………………… a

・２，３問正解の場合………………………… b

・１問正解または５問とも不正解の場合…… c

ジェスチャーゲーム（復習として）

４，５名のグループを作り，パフォーマー１人，他の生徒を評価者とする。教師が以下の語句や文を読み上げ，それについてパフォーマーが演じる。評価者はそのパフォーマンスを正誤判断する。

(a) succeed　　(b) victory　　(c) a prime minister　　(d) a baseball player　　(e) the V-sign

(f) a home run　　(g) We take a picture.　　(h) I send messages with my eyes.

(i) Karaoke is popular all over the world.

ポイント

語句や文を正しく理解しているかどうかをジェスチャーから判断する。教科書本文の数か所を既習語彙を用いて変更すると，重要な箇所が理解できているか確認できる。(観察)

評価の基準（以下の基準で評価する。）

（観察による）・完璧に演じている……………………… a

・おおむね演じている………………… b

・全く演じていない…………………… c

ディクテーション

教科書本文の一部を空所にして，聞き取った語句や表現を選ばせたり，書かせたりする問題

である。

> In Japan, we make the V-sign when we ①(　　　　)a picture or when we ②(　　　　).
> The V-sign is popular all over the world ③(　　　　)(　　　　)Winston Churchill. He was
> the prime minister of Britain. The "V" was his sign for ④(　　　　)over the Nazis.
> 【選択肢】 victory　/　of　/　take　/　succeed　/　because

ポイント

　ディクテーションは「聞くこと」と「書くこと」との両方を評価する問題であるが，英語の苦手な生徒にとっては，「書くこと」はかなりハードルが高いために，「聞くこと」を重点に評価することができる。聞き取って正しく書くことが生徒に難しいと思われる場合には，選択肢を設け，そこから選んで書き写させる。これにより，単語を正しく書き写す活動を行うこともできる。（小テスト）

評価の基準（正答数により，以下の基準で評価する。）

（４問中）・４問正解の場合……………………………… a
　　　　　・２，３問正解の場合………………………… b
　　　　　・１問正解または４問とも不正解の場合…… c

（2）ペーパーテストでの評価

リスニングテスト①

> 　英語を聞いて，内容を表しているものを１つ選びなさい。
> （1）①私は，野球が好きなので，野球の選手になりたい。
> 　　　②私は，野球が嫌いだけど，野球の選手になりたい。
> 　　　③私は，野球が好きだけど，総理大臣になりたい。
> （2）①私は，昨夜10時に寝て，今朝11時に起きました。
> 　　　②私は，昨夜11時に寝て，今朝10時に起きました。
> 　　　③私は，昨夜10時に寝て，今朝10時に起きました。
> （スクリプト）
> （1）I like baseball, but I don't want to be a baseball player. I want to be a prime minister.
> （2）生徒：I'm sorry I'm late.
> 　　　教師：What time did you get up?　　　　　生徒：I got up at ten.
> 　　　教師：What time did you go to bed last night?　　　生徒：I went to bed at eleven.

ポイント

　スクリプトは，あまりゆっくり読まずに，ノーマルスピード（150w/m程度）で読むようにする。これは今後，ノーマルスピードに慣れさせる意味もある。

評価の基準（正答数により，以下の基準で評価する。）

（2問中）・2問正解の場合···a

　　　　・1問正解の場合···b

　　　　・2問とも不正解の場合···c

リスニングテスト②

　英語を聞いて，正しいものは T を，間違っているものは F を，○で囲みなさい。

（1）T ／ F　　（2）T ／ F　　（3）T ／ F

（スクリプト）

（1）Abe Shinzo was the prime minister of Japan.

（2）Ichiro is a famous baseball player in the U.S. Major Leagues.

（3）Tanaka *sensei* is not an English teacher.（学校に合わせて作り直す）

ポイント

be 動詞に注意して聞くように，伝えてもよい。

評価の基準（正答数により，以下の基準で評価する。）

（3問中）・3問正解の場合···a

　　　　・1，2問正解の場合···b

　　　　・3問とも不正解の場合···c

❷ 「思考・判断・表現」，「主体的に学習に取り組む態度」の評価

　「聞くこと」の領域における「思考・判断・表現」を評価するには，聞き取る情報や考えなどの概要や要点，詳細，話し手の意図などを的確に聞き取って理解できているかどうかで判断する。「知識・技能」と同様に，英語を苦手とする生徒にとっては，複雑過ぎたり，情報過多にならないように注意する必要がある。

　また，「主体的に学習に取り組む態度」では，「聞くこと」におけるさまざまな活動やテストを通して，自分にはどのような点が足りないのか，どのように学習すればよいのかなどを自ら考え，積極的に改善のために努力を惜しまない姿や態度を評価していく。

　「主体的に学習に取り組む態度」については，「思考・判断・表現」と一体的に評価するが，状況によっては，「主体的に学習に取り組む態度」だけで評価することもできる。

【評価規準】（生徒の状況に合わせながら，評価規準を設定する。）

「思考・判断・表現」生徒のスピーチや放送から，必要な情報を聞き取り，概要や要点，話し手の意図を捉えている。

「主体的に学習に取り組む態度」スピーチ内容を理解するために，積極的に聞こうとしている。

（1）授業内での評価

生徒のスピーチ

　授業中に行う生徒１人１人のスピーチ（ここでは自己紹介）を聞き，内容を正しく聞き取れているかどうかを，生徒に配付した確認（評価）表を回収して判断する。

確認（評価）表（例）

名前	趣味・好きなこと	クラブ活動	その他
青木　健太	野球	野球部	甲子園に出たい
伊藤　麻衣	果物	バスケットボール部	彼氏募集中
佐藤　翔太	スケートボード	帰宅部	オリンピックに出たい
田畑　萌	音楽	放送部	アナウンサー志望

ポイント

　発表者の話す英語は全て正しいとは限らない。そこで，教師はスピーチの英語が正しいかどうかも判断しながら評価することが必要になる。また，「思考・判断・表現」と「主体的に学習に取り組む態度」とを一体的に評価する。（確認表）

評価の基準（以下の基準で評価する。）

（確認表による）・完璧に理解している（理解しようと努力している）………… a

　　　　　　　　・おおむね理解している（理解しようとしている）………… b

　　　　　　　　・全く理解していない（理解しようとしていない）………… c

インタビューテスト（インタビュークイズ）

　授業中，生徒に質問したり，別室に生徒１人１人を呼んでインタビューテストを行ったりする場合などが考えられる。インタビューテストは「聞くこと」と「話すこと［やり取り］」とを評価するテストではあるが，英語の苦手な生徒の場合，答え方に難があっても，正しく聞き取れているかどうかで評価していく。

①be 動詞の確認　【　　】内の答えは評価に加えるかどうか教師が判断する。

(a) 教師：What is your name?（May I have your name, please?）

　　生徒：My name is Kamei Yui.【Kamei. / Yui.】

(b) 教師：When is your birthday?

　　生徒：My birthday is October 5th.【10月５日 / October 5.】

(c) 教師：（イラストを見て）Where are two cats?

　　生徒：They are under the table.【テーブルの下 / On the table.】

②一般動詞の確認

(d) 教師：What sport do you like?　　　　生徒：I like soccer.【Soccer.】

(e) 教師：How many T-shirts do you have?　生徒：I have three T-shirts.【Three.】

(f) 教師：What time did you go to bed last night?

　　生徒：I went to bed at eleven last night.【Eleven.】

ポイント

　ここでは，「聞くこと」を重点的に評価することを目的にしているので，質問を正しく聞き取れていて，答えだけが間違っていた場合でも b 評価にする。答え方は，今後徐々に改善されることを念頭に置いたものである。ここでも，「主体的に学習に取り組む態度」は「思考・判断・表現」と一体的に評価し，何とか答えようとしている姿を評価に加味していく。（観察）

評価の基準（以下の基準で評価する。）

（観察による）・質問を完璧に理解している（一生懸命聞こうとしている）……………… a

　　　　　　・質問をおおむね理解している（聞こうとしている）…………………… b

　　　　　　・質問を全く理解していない（聞こうとしていない）………………… c

（2）ペーパーテストでの評価

リスニングテスト

　英語を聞いて，（　　）に適する日本語を書きなさい。

（1）（　　　　　　　　）は，アメリカのメジャーリーガーです。

（2）彼は（　　　　　　　　），笑顔になります。

（3）彼の（　　　　　）は，彼の笑顔が好きです。

（4）アメリカに野球の試合を（　　　　　　　　　）。

（スクリプト）

　Otani Shohei is a famous baseball player in the U.S. Major Leagues.　He smiles when he hits a home run.　His fans like his smile.

　Many people want to watch his game live.　Why don't you go to watch it to the U.S.?

ポイント

　教科書本文を基に，文中の語を変えて，概要が聞き取れているかどうかを確認する。もし，教科書本文をそのままリスニングの問題として取り扱うと，真に「聞くこと」の能力を判断するのではなく，単に授業で行ったことについての記憶を問う問題になりかねない。

評価の基準（正答数により，以下の基準で評価する。）

（4問中）・4問正解の場合………………………………… a

　　　　・2，3問正解の場合……………………………… b

　　　　・1問正解または4問とも不正解の場合…… c

2 「読むこと」の評価例

教科書本文（例）　　　　　　　　　　　【Lingua-Land English Course Ⅰ（教育出版）2002年】

> George Lucas, the man who made "Star Wars," loved cars, comic books and rock music in high school. He was going to be a race car driver.
>
> One day, he had a terrible car accident. He almost died, so he changed his way of thinking. He thought about what to do with his life.
>
> He started to study hard. At first he wanted to become a writer. Then one of his friends told him to make movies. So, Lucas went to the best university to learn how to make movies. He changed his goal. In high school, his goal was to be the fastest race car driver. His new goal was to be the best moviemaker.
>
> "Star Wars" has put Lucas at the top of the world of movies.

【新出語彙】

comic book(s) / rock music / race car / driver / terrible / thinking / thought / writer / university / moviemaker

【新出語句・表現】

be going to ～ / one's way of thinking / what to do with ～ / start to ～ / at first / at the top of ～

【文法事項・構文等】

- 疑問詞＋不定詞
- 現在完了形（完了・結果）

❶「知識・技能」の評価

　「読むこと」の領域における「知識・技能」を評価するには，音読と内容理解に関する指導を行い，正しく音読できているか，書かれていることを正しく理解できているかで判断する。

　音読に関しては，英語を苦手とする生徒にとっては，単語やイントネーションを含めて正確に音読することは難しい。そこで，生徒が正確に音読すると，相手に正しく伝えられることにもつながるので，この点からも指導と評価を取り入れることは重要なことである。

　また，内容理解においては，読んだ英語を単に日本語に訳させるのではなく，読んだ英語から必要な情報を読み取り，書き手が伝えたいことや考えを把握できるかどうかで判断する。その際，初めは比較的少量の英語から情報を読み取らせたり，簡単な英文から読ませたりするなど，読む負担を軽減させることである。

　「読むこと」の評価を行う際には，授業内では，音読確認や個別に行う音読テスト，読み取った内容の概要や要点を口頭で答えさせたり，読み取った内容をまとめさせたりする。定期考

査では読み取った内容についての概要や要点，書き手の意向や意図を確認する。ただし，英語の暗記テストにならないように注意する必要がある。

【評価規準】（生徒の状況に合わせながら，評価規準を設定する。）

「知識」文章を読み取るために必要となる疑問詞＋不定詞や現在完了形（完了・結果）を理解している。

「技能」ジョージ・ルーカスのことについて，疑問詞＋不定詞や現在完了形（完了・結果）の使い方を基に，書かれた文章を読み取る技能を身に付けている。

（1）授業内での評価

音読確認

授業内で，コーラスリーディング等の練習の後に，ペアやグループで読み聞かせを行わせ，その中で音読の確認を行う。

ポイント

何度も音読練習を行った後に，ペアやグループで音読をさせるが，その際には，ただ一方的に読むのではなく，相手を意識しながら，相手に読んで聞かせる（読み聞かせ）ことを意識しながら，丁寧に読ませることが重要である。（観察）

評価の基準（以下の基準で評価する。）

（観察による）・正確に相手に伝わるように音読している……………………………… a

・おおむね相手に伝わるように音読している……………………… b

・全く相手に伝わらないような音読をしている…………………… c

音読テスト

教科書本文を正確に音読できるかどうかを確認し評価する。授業外の空き時間などに，1人1人呼び出し音読させて評価する。

ポイント

教科書本文全てを音読させるのではなく，生徒の状況によっては，音読に慣れ親しむまでは，少量の音読から始め，徐々に量を増やしていく。音読の中で，正しく音読できない語句がある場合には，自分なりに読まずにスキップさせて，間違った発音の定着を避け，フィードバックさせて，正しい発音方法を身に付けさせる。ここでは，相手を意識せずに，本文を正しく音読することに注意を払わせる。（観察）

評価の基準（以下の基準で評価する。）

（観察による）・正確に音読できている……………………………………………… a

・おおむね音読できている……………………………………………… b

・全く音読できていない‥‥‥‥‥‥‥‥‥‥‥‥‥‥‥‥‥‥‥‥‥‥‥ c

内容把握

教科書本文を読んで，日本語の質問の答えとして適切な語句や英文を抜き出す問題である。

（1）ジョージ・ルーカスが，高校時代に好きだったものは何か，本文から抜き出しなさい。

（解答例）cars, comic books and rock music

（2）ジョージ・ルーカスは，何を学ぶために大学に行きましたか。本文から抜き出しなさい。

（解答例）how to make movies

（3）ジョージ・ルーカスの新しい目標は何でしたか。英文を抜き出しなさい。

（解答例）His new goal was to be the best moviemaker.

（4）スターウォーズはルーカスをどのような地位にしましたか。英文を抜き出しなさい。

（解答例）"Star Wars" has put Lucas at the top of the world of movies.

ポイント

設問にする箇所は，解答になる語句や英文が明確に分かるところを選ぶ。また，授業で学習した文法事項が含まれている箇所を設問とすると，文法事項を意識させることもできる。また，単純に語句や英文を抜き出させているが，これにより，英語を書き写すことへの抵抗感を減らすことにもつながる。（小テスト）

評価の基準（正答数により，以下の基準で評価する。）

（4問中）・4問正解の場合‥‥‥‥‥‥‥‥‥‥‥‥‥‥‥ a

・2，3問正解の場合‥‥‥‥‥‥‥‥‥‥‥‥ b

・1問正解または4問とも不正解の場合‥‥‥ c

表現確認

本文の表現（文法事項）を参考に，どのようなことが書かれているか生徒自らの言葉で表してみる。これは逐語訳ではなく，指導した表現の使い方を理解しているかどうかを判断する。

（1）（参考文）Lucas went to the best university to learn how to make movies.

（問題文）I don't know how to do *kendama*.

（解答例）けん玉の仕方が分からない。

（2）（参考文）"Star Wars" has put Lucas at the top of the world of movies.

（問題文）I have put a baby to sleep.

（解答例）赤ちゃんを寝かせつけた。

ポイント

授業で指導した文法事項について，既習語彙を用いて新たに英文を作成する。この英文を理解できれば，新出の文法事項が理解できていると判断する。（小テスト）

評価の基準（正答数により，以下の基準で評価する。）

（2問中）・2問正解の場合……………………………………… a

・1問正解の場合……………………………………… b

・2問とも不正解の場合……………………… c

（2）ペーパーテストでの評価

語句の並べ替え

学習した文法事項について理解できているかを判断する。

次の語句を並べ替えて，正しい英文にしなさい。

（1）sukiyaki / know / how / I / to / cook /.　（解答）I know how to cook sukiyaki.

（2）a bath / I / taken / have /.　（解答）I have taken a bath.

ポイント

この問題は，「読むこと」または「書くこと」で取り扱うが，「読むこと」を中心に指導した場合には，この領域で評価する。

「知識・技能」の問題では，基礎的な文法事項の理解度を確認するために，複雑な問題とはせずに，教科書にある英文の一部を変更する程度にとどめる。

評価の基準（正答数により，以下の基準で評価する。）

（2問中）・2問正解の場合……………………………………… a

・1問正解の場合……………………………………… b

・2問とも不正解の場合……………………… c

内容把握

教科書本文を提示し，示された文章の概要や要点を読み取れているかを確認する。

英文を読み，問題に日本語で答えなさい。

One day, George Lucas had a terrible car accident. He almost died, so he changed his way of thinking. He thought about what to do with his life.

（1）ジョージ・ルーカスが考え方を変えたきっかけは何でしたか。

（解答例）ひどい交通事故にあったことから。

（2）'He almost died.' とは，どのような状態を表していますか。

（解答例）瀕死の重傷（今にも死にそうなひどいケガ）

（3）ジョージ・ルーカスはどのようなことを考えたのですか。

（解答例）これからの自分の人生をどのように過ごしていくか。

「知識・技能」を評価する場合には，複雑にせず，訳読でもなく，また，記憶力を問う問題とならないようにする。

評価の基準（正答数により，以下の基準で評価する。）

（３問中）・３問がおおむね正解の場合‥‥‥‥‥‥‥‥‥‥‥‥‥‥‥ a

　　　　　・１，２問がおおむね正解の場合‥‥‥‥‥‥‥‥‥‥‥‥ b

　　　　　・３問とも不正解の場合‥‥‥‥‥‥‥‥‥‥‥‥‥‥‥‥ c

❷「思考・判断・表現」，「主体的に学習に取り組む態度」の評価

　「読むこと」の領域における「思考・判断・表現」を評価するには，読んだ英語の情報から，概要や要点，詳細，書き手の意図などを判断しながら的確に捉えたり，生徒自身が持ち得ている既存の知識や体験，または授業で学習したことなどを関連付けたりしながら理解しているかどうかで判断する。また，音読においては，聞き手の状況によって，さまざまな音読の方法があることに気付かせることである。例えば，子どもに聞かせる場合，同年代の生徒に聞かせる場合，大人に聞かせる場合など，さまざまな方法で読み聞かせることが必要になってくる。

　また，「主体的に学習に取り組む態度」については，ここでも「思考・判断・表現」と一体的に評価するが，この場合でも，英語を苦手とする生徒には，状況によっては，「主体的に学習に取り組む態度」だけで評価することもできる。

【評価規準】（生徒の状況に合わせながら，評価規準を設定する。）

「思考・判断・表現」聞き手に合わせて音読したり，必要な情報を読み取り，書かれている英文の概要や要点を捉えたりしている。

「主体的に学習に取り組む態度」相手を意識しながら音読しようとしたり，英文の概要や要点を捉えようとしたりしている。

（１）授業内での評価

読む対象ごとの音読

　教科書本文を教師が指定した状況下で音読をさせて判断する。例えば，アナウンサーとなって聴取者に読み聞かせをしたり，子ども達に読み聞かせをしたりするなどの設定をする。

ポイント

　「知識・技能」とは異なり，発音等の間違いを極力避け，聞く相手を意識しながら，スピードやイントネーションを調整して音読することが求められる。（観察）

評価の基準（以下の基準で評価する。）

（観察による）・相手に合わせて，正確に伝わるように意識しながら音読している‥‥‥ a

・相手に合わせて，おおむね伝わるように音読している……………… b

・相手に全く伝わらないような音読をしている…………………… c

内容把握

書かれている英文の概要を理解しているか判断する。

（1）I don't know when to start.　（解答例）いつ出発するか分からない。

（2）Mai has just started reading the book.

（解答例）麻衣はちょうど本を読み始めたところだ。

ポイント

授業で指導した文法事項を基に，既習語彙を用いて新たに作成した英文の概要が読み取れるか判断する。授業内では，１文１文確認すると判断しやすい。（小テスト）

評価の基準（正答数により，以下の基準で評価する。）

（2問中）・２問正解の場合…………………………………… a

・１問正解の場合…………………………………… b

・２問とも不正解の場合……………………… c

（2）ペーパーテストでの評価

内容理解

本文を読んで，次の質問に対する答えが，本文の内容と合っていたら○，違っていたら×を（　）に書き入れなさい。

（1）Q：What did George Lucas love when he was a high school students?

A：Watching movies.（ × ）

（2）Q：What changed George Lucas's way of thinking?

A：A terrible car accident.（ ○ ）

（3）Q：Who suggested moviemaking to Geroge Lucas?　A：His father.（ × ）

（4）Q：What did George Lucas study in university?　A：He studied how to write.（ × ）

ポイント

教科書本文を基に，内容の正誤を判断する問題であり，質問と解答の両方の英文を読み，それらが本文内容に合致しているかを，さまざまな情報を基に解答する問題である。

評価の基準（正答数により，以下の基準で評価する。）

（4問中）・４問正解の場合………………………………… a

・２，３問正解の場合…………………………… b

・１問正解または４問とも不正解の場合…… c

3 「話すこと［やり取り］」の評価例

教科書本文（例） 【Lingua-Land English Course Ⅰ （教育出版）2002年】

> Junko was in New York on vacation. She went to see a hairdresser. In Japan she read about a hairdresser who was very popular in New York.
>
> *Hairdresser* : Hello. How would you like your hair done today?
>
> *Junko* : What do you suggest?
>
> *Hairdresser* : Do you like short hair?
>
> *Junko* : Yes. How much will you cut?
>
> *Hairdresser* : Only about an inch. Can I layer the sides and the back with a razor?
>
> *Junko* : OK. That sounds good.
>
> *Hairdresser* : Well, would you like a shampoo?
>
> *Junko* : Sure.
>
> *Hairdresser* : OK. The shampoo chair is over there. Let's get started.
>
> Which hairstyle would you like? Long or short? It's interesting for us to think about hairstyles.

【新出語彙】

hairdresser / done / suggest / inch / side(s) / razor / sound(s) / shampoo

【新出語句・表現】

on vacation / How would you like 〜? / That sounds good. / Would you like 〜? / Let's get started.

【文法事項・構文等】

- It is ... for 人 to 動詞の原形
- 関係代名詞

❶「知識・技能」の評価

　「話すこと［やり取り］」の領域における「知識・技能」を評価するには，日常的な話題や社会的な話題について，基本的な語句や文を用いて，情報や自分の考えや気持ちなどを相手と伝え合うことができているかどうかで判断する。また，やり取りの技術として，会話の展開の仕方や，会話がうまく続けられないときの対処法などについても指導し，それらを身に付けているかどうかも評価する。

　特に，英語を苦手とする生徒にとっては，既習の語句や表現の定着量が少ないことから，会話が長続きしないことが多い。それをなくすためには，教師が事前にやり取りに有用な語句や

表現を数多く提示することが必要であり，さまざまな会話のパターンをモデルとして示すことが必要になる。

　「話すこと［やり取り］」の評価を行う際には，授業内では，教師と生徒とのやり取り，生徒同士でのやり取りなどを観察したり，実技テストとして，ペアでのスキット発表などをさせたりする。ただし，「知識・技能」の評価なので，授業で指導した定型表現の定着度や会話の展開の方法などの基本的な部分を評価する。

【評価規準】（生徒の状況に合わせながら，評価規準を設定する。）

「知識」 やり取りの仕方を理解している。

「技能」 美容院などでのやり取りについて，基本的な語句や表現を用いて，情報や考え，気持ちなどを，伝え合う技能を身に付けている。

（1）授業内での評価

インタビューテスト

　教科書本文にある会話表現を基に，教師が生徒1人1人に尋ねる。

（1）教師：（写真などのサンプルを示して）Which hairstyle do you like?
　　　生徒：（例）I like this one.

（2）教師：What hairstyle do you like?
　　　生徒：（例）I like bob style.

ポイント

　やり取りでは，相手の意向を判断し，それに対応して的確に答えることが必要になる。ここでは，教師の質問が分かっていても，それに答えることができなければ，やり取りは成り立たない。例えば，（1）で生徒の答え方として，サンプルを指差しただけでも教師の質問を理解していることになる。また，（2）のやり取りでは，教師の質問に対して，生徒が "Bob." と答えたとしても，質問を理解し，表現に少々難があってもやり取りは成立していることになる。これらのように，生徒の反応に合わせて評価していくことが必要になる。（観察）

評価の基準（以下の基準で評価する。）

（観察による）・適切にやり取りが成り立っている……………………………………… a
　　　　　　　・おおむねやり取りが成り立っている………………………………… b
　　　　　　　・やり取りが成り立っていない……………………………………… c

やり取り

　教科書本文の会話の一部を入れ替えて，教師と生徒，生徒と生徒などのペアでやり取りをする。その際，教師は事前にさまざまなモデルを示しておく。

Hairdresser :	Hello. How would you like your hair done today?
Junko :	What do you suggest?
Hairdresser :	Do you like short hair?
Junko :	Yes. How much will you cut?
Hairdresser :	Only about （例）two inches.　　Can I layer the sides and the back with a razor?
Junko :	（例）Yes.
Hairdresser :	Well, would you like a shampoo?　　*Junko* :（例）No, thank you.

ポイント

　ここでは，自然な流れで会話を継続していることに加え，適宜，下線部に自分の考える語句を入れてやり取りをし，その状況を評価していく。（観察）

評価の基準（以下の基準で評価する。）

（観察による）・話の流れを理解し，適切にやり取りを進めている……………… a

　　　　　　　・話の流れを理解し，おおむねやり取りを進めている………… b

　　　　　　　・話の流れを理解できず，やり取りもできていない…………… c

（2）ペーパーテストでの評価

空所補充

　次の会話の（　　）に入る適切な語を下から選び，記号を書き入れなさい。ただし，1つの単語は2度使われる。

Hairdresser : Hello. ①（　　　　　）are you?

　Azusa : I'm pretty good.

Hairdresser : ②（　　　　　）kind of hairstyle do you want today?

　Azusa : I want to cut my hair short.

Hairdresser : ③（　　　　　）much will you cut?

　Azusa : About two inches, please.

Hairdresser : OK. ④（　　　　　）you like a shampoo?　　*Azusa* : Sure.

【選択肢】1. Would　　2. How　　3. What

ポイント

　ここでも，教科書本文をそのまま使用していない。もし教科書本文をそのまま使用すると，単に暗記できているかを判断し，記憶力の評価につながり，「知識・技能」の評価とは異なることになる。常に記憶力を問う問題になっていないか確認する必要がある。

評価の基準（正答数により，以下の基準で評価する。）

（4問中）・4問正解の場合……………………………………… a

・2，3問正解の場合………………………………… b

・1問正解または4問とも不正解の場合…… c

選択問題

　美容院での淳子の質問に対する美容師の答えとして正しいものを1つ選び，番号を書きなさい。

（1）*Junko* : What do you suggest?

①*Hairdresser* : You should cut your hair short.

②*Hairdresser* : I should cut my hair short.

③*Hairdresser* : You should cut my hair short.

美容師の質問に対する淳子の答えとして正しいものを1つ選び，番号を書きなさい。

（2）*Hairdresser* : How much will you cut?

①*Junko* : About two hundred dollars.

②*Junko* : About three inches.

③*Junko* : About an hour.

ポイント

　教科書本文で取り扱う質問に対して，適切な答えを選べるかどうかを問う問題である。質問の内容から，話されている状況を理解する必要がある。

評価の基準（正答数により，以下の基準で評価する。）

（2問中）・2問正解の場合……………………………… a

・1問正解の場合……………………………… b

・2問とも不正解の場合……………………… c

❷ 「思考・判断・表現」，「主体的に学習に取り組む態度」の評価

　「話すこと［やり取り］」の領域における「思考・判断・表現」を評価するには，相手の話に臨機応変に対応できるかどうかで判断する。また，どのような語句や表現を用いれば相手に的確に伝わるか，どのような質問をすれば会話が長続きするかなど，生徒が持ち得ている知識を十分に活用してやり取りする状況で判断する。「主体的に学習に取り組む態度」では，やり取りをうまく継続させようと努力する態度や，相手の話を注意深く聞く態度などを評価していく。ただし，ここでも，間違いを恐れずにやり取りする姿勢を認めていくことも大切である。

　また，「主体的に学習に取り組む態度」については，「思考・判断・表現」と一体的に評価するが，実際の評価の際には，授業内ではスキットを中心に行う。決まった表現のやり取りから始め，最終的には，誰とでも役柄に合わせて臨機応変にやり取りができるかどうかを評価する。

「**思考・判断・表現**」美容院の場面で，必要な情報を聞き取り，自分の考えや気持ちを伝え，臨機応変にやり取りを続けている。

「**主体的に学習に取り組む態度**」相手の話を注意深く聞きながら適切な応答を繰り返し，やり取りを続けようとしている。

（1）授業内での評価

スキット

教科書本文の一部を改変し，ペアでやり取りをさせて判断する。

Hairdresser :	Hello. How are you today?
生徒 :	＿＿＿＿＿＿＿＿＿＿＿＿＿＿＿＿＿＿
Hairdresser :	Which hairstyle would you like?
生徒 :	I would like ＿＿＿＿＿＿＿＿＿＿＿
Hairdresser :	How much shall I cut?
生徒 :	About ＿＿＿＿＿＿ inches.
Hairdresser :	＿＿＿＿＿ will be good for you.
生徒 :	That's fine. Thank you.

ポイント

教科書本文を基に，簡単な会話に変え，下線部を自由に入れてやり取りを行う。（観察）

評価の基準（以下の基準で評価する。）

（観察による）・適切にやり取りを進めている………………………………… a

・おおむねやり取りを進めている………………………………… b

・やり取りができていない………………………………… c

スキット発表

臨機応変な能力を判断する。1人を美容師，他の1人を客としてスキットの発表を行う。教師はスキット発表直前に役割分担表（評価表）を配付する。それに従い，順次発表させる。

評価表（例）

No	Name	Role	Evaluation（A ～ C）	Comments
1	青木　健太	美容師		
	伊藤　麻衣	客		
2	田畑　萌	美容師		
	佐藤　翔太	客		

ポイント

　授業で指導した美容院での表現が定着しているか，相手の話に即興で対応できるかをルーブリックを基に評価する。ペアの相手は，普段から練習等であまり組むことのない相手とペアリングする。状況設定は，客が美容院に入るところから始める。（観察）

ルーブリック

	2	1	0
質問	会話の流れに沿った質問を数回行っている。	会話の流れに沿った質問を1回は行っている。	会話に沿った質問ができていない。
応答	質問に適切に答えている。	おおむね質問に答えている。	質問に適切に応答できていない。
流れ	会話が自然な流れで続けている。	おおむね会話が続いている。	会話が途中で終わる。

評価の基準（ルーブリックの合計点により，以下の基準で評価する。〈6点中〉）

（観察による）・5点以上…………………………………… a
　　　　　　 ・3，4点…………………………………… b
　　　　　　 ・2点以下…………………………………… c

（2）ペーパーテストでの評価

リスニングテスト

　英語を聞いて，質問の対応として適切なものを1つ選び，記号を書きなさい。

（1）① Coffee will be fine.　　　　（2）① Only two inches.
　　② Let's get started.　　　　　　② Only two dollars.
　　③ That's sounds good.　　　　　③ Only two hours.

（スクリプト）

（1）What would you like?

（2）How much does it cost?

ポイント

　教科書本文で取り扱う表現や既習表現を基に，指導した表現の定着が図られているかを判断する。

評価の基準（正答数により，以下の基準で評価する。）

（2問中）・2問正解の場合………………………………… a
　　　　 ・1問正解の場合………………………………… b
　　　　 ・2問とも不正解の場合……………………… c

4 「話すこと［発表］」の評価例

教科書本文（例） 【Lingua-Land English Course Ⅰ（教育出版）2002年】

Forty heads turn as two dogs enter a room of a senior citizens' home. Everyone is smiling and laughing. "I think it's great. It's lovely to see them and they're so friendly." says a lady who is ninety-seven years old. She looks forward to the days when the dogs come.

Friendly dogs can help older people and sick children. The dogs help them by giving love.

In homes where older people live, some of them are lonely. They don't have much to make them happy. They often just sit or sleep in their chairs. They talk to no one. They do nothing.

When the dogs visit, the older people start to become friendlier. They become more active and feel happier.

The dogs are chosen carefully. They must be quiet. They must not jump on people.

The dogs visit only for a short time, but those visits change the lives of many older people.

【新出語彙】

senior citizen(s) / lovely / friendly / lady / forward / active / chosen / carefully / quiet

【新出語句・表現】

look forward to 〜 / talk to 〜 / jump on 〜

【文法事項・構文等】

- 関係副詞（when, where）
- 不定詞（形容詞的用法）

❶「知識・技能」の評価

　「話すこと［発表］」の領域における「知識・技能」を評価するには，日常的な話題や社会的な話題について，発表のために使用する基本的な語句や文を事前に準備し，情報や自分の考えや気持ちなどに注意して話し伝えているかどうかで判断する。ただし，クラス全体での発表のみを評価するのではなく，ペアやグループでの発表を経験させることも重要となり，これについても評価は可能である。特に，英語を苦手とする生徒にとっては，発表の形態を段階的にして発表の負荷を軽減させることは大切なことである。また，発表原稿作成時には，どのように論理的に書くのか，有用な語句や文を生徒に提示することも重要である。発表では，事前に書いた原稿をそのまま読み上げるだけに終始しないように，聞き手に分かりやすく伝えることを意識しながら話すように指導をする必要がある。そのためには，**Read and Look up** も取り入

れることである。

　「話すこと［発表］」の評価を行う際には，授業内では，ペアやグループでのミニ発表会や，発表練習なども観察し，最終的にはクラス全体での発表会で評価する。発表にはスピーチ，Show and Tell，パワーポイントなどを用いてプレゼンテーション，ディベートなども含まれる。生徒の状況により，さまざまな形態で評価する。

【評価規準】（生徒の状況に合わせながら，評価規準を設定する。）

「知識」発表の仕方を理解している。

「技能」基本的な語句や文を使って，情報や自分の考えや気持ちなどに注意して話し伝える技能を身に付けている。

（1）授業内での評価

ペアで発表

　発表の基本的な練習として，「犬と猫のどちらが好きか」をテーマに，ペアで発表し合う。生徒の状況から，①好きな方，例えば，"I like dogs." と言う。②その理由，例えば，"Because dogs are clever." などと言う。最低この2文が言えるようにする。

ポイント

　生徒の状況により，2文以上または3文以上で伝えることを条件としてもよい。教師は犬が好きなパターンや猫が好きなパターンの発表モデルを示し，準備をさせる。その際には，発表に使用可能な語句，例えば cute，pretty，active などを黒板等に書き，生徒はそれらをノート等に書き写して原稿を完成させる。発表の順はじゃんけんで決め，順次発表させる。発表後に，ペアで発表の内容や仕方などについて話し合わせる。（観察）

評価の基準（以下の基準で評価する。）

（観察による）・スムーズに発表を行っている……………………………………… a
　　　　　　　・おおむね発表を行っている…………………………………… b
　　　　　　　・発表が成り立っていない……………………………………… c

グループで発表

　3〜5人程度のグループで，発表をし合う。ペアのときと同様「犬と猫のどちらが好きか」のテーマで行わせる。既にペアで行っているので，発表も慣れていることが想像される。生徒個々が個人持ちの PC を持っている場合には，ランダムでグルーピングを行う。

ポイント

　グループ内では，1人が話し手，残りが聞き手である。1人の発表が終了したら，聞き手の生徒は話し手にコメントをする。これにより，ブラッシュアップを図る。（観察）

（観察による）・スムーズに発表を行っている………………………………………… a

・おおむね発表を行っている………………………………………… b

・発表が成り立っていない………………………………………… c

簡易ディベートゲーム

　クラスを2つのグループに分ける。教室内の机と椅子を壁側に移動し，教室内に広い空間を作る。2つのグループを右のように配置する。

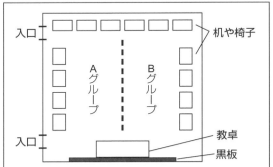

　A グループは犬の好きなグループ。B グループは犬の嫌いなグループとする。ビーチボールを用意し，A グループに投げ込む。受け取った生徒から以下のように始める。

　A グループ内の1人：I like dogs.

　言った生徒は，ボールを B グループに投げ込む。そして，受け取った生徒は，

　B グループ内の1人：Why do you like dogs?

　などと言い，A グループに返す。これを繰り返して，

　A グループ内の1人：Because they are cute.

　B グループ内の1人：Do you think bulldogs are cute?

などと，制限時間を決めて，やり取りをさせる。

ポイント

　一見，やり取りに見えるが，立場によって，論理的に物事を考える訓練となる。最終時間に行うスピーチ大会や簡易ディベートに向けての，論理の構築と準備の時間とする。（観察）

評価の基準（以下の基準で評価する。）

（観察による）・話の流れが論理的につながっている……………………………… a

・おおむね論理的につながっている……………………………… b

・全く論理的でない……………………………………………… c

（2）ペーパーテストでの評価

文の並べ替え

　「四季の中で，どの季節が最も好きか」をテーマにスピーチをすることにしました。①から④の文を並べ替えて，スピーチとして適切な原稿を完成させなさい。

① Because Summer vacation is long.

② So I like summer best of the four season.

③ I can also swim in the sea.

④ I like summer.

(　　　) ⇒ (　　　) ⇒ (　　　) ⇒ (　　　)

ポイント

　発表の準備をする段階で，発表の仕方や流れなどを指導したときには，簡単な発表を例に，文の順番を並べ替えて，よい発表文を完成させるテストをする。理由を言うときに使うbecause や，話をまとめるときに使う so などを理解しているか判断する。この問題の場合には，正解か不正解かの2つの評価に分かれる。

評価の基準（以下の基準で評価する。）

（完全解）・正解　（④⇒①⇒③⇒②）………………………… a

　　　　　・不正解………………………………………… b

❷「思考・判断・表現」，「主体的に学習に取り組む態度」の評価

　「話すこと［発表］」の領域における「思考・判断・表現」を評価するには，「知識・技能」の観点で行った発表の仕方を理解した上で，「思考・判断・表現」では，学習指導要領解説にもあるように，新たなテーマを提示し，話して伝えるためにブレインストーミングをしたり，伝える内容の順番や展開について構想を練ってアウトラインを作成したり，発表する際に使う図表などの視覚的な補助を作成したりする。そして，十分に準備時間を設け，しっかりと発表できるように準備をさせる。特に英語を苦手とする生徒には，発表では，原稿をただ読むのではなく，Read and Look up のように聞き手側に顔を上げ，確実に伝わっているかどうかを判断しながら話すようにさせる。

　「主体的に学習に取り組む態度」では，原稿を何度も推敲したり，聞き手に分かりやすいように何度も繰り返し練習したり，発表をスムーズに継続させようと努力する態度などを評価していく。

　また，「主体的に学習に取り組む態度」については，「思考・判断・表現」と一体的に評価するが，実際に評価する際には，発表を中心に行うが，生徒の状況によっては，準備の段階でも評価することは可能である。

【評価規準】（生徒の状況に合わせながら，評価規準を設定する。）

「思考・判断・表現」 好きな動物について，自分の考えや気持ちなどを理由や根拠とともに話し伝えている。

「主体的に学習に取り組む態度」 発表内容を何度もブラッシュアップしたり，聞き手に伝わるように，意識しながら発表をしたりしようとしている。

（1）授業内での評価

発表会

テーマを「好きな動物」として，クラス全体で１人１人発表させる。

> Which do you like?
>
> ・dogs　　・cats　　・birds　　・fish　　・hamsters　　・rabbits　　・turtles
> ・other

ポイント

　テーマにより，動物を自由に考えて原稿を作成する。理由や根拠とともに，５文程度の文章などと指定してもよい。発表に際しては，以下の点に注意する。

　・聞く側の生徒には，例えば，以下のような評価表を配付する。（１項目３点で評価させる。）

評価表（例）

No	Name	声の大きさ	目線	内容	Comments
1	青木　健太				
2	伊藤　麻衣				
3	田畑　萌				

　・次の発表者は，教卓の横で座って待つ。

　・評価のためにビデオで録画する。

　・発表の順番は，クラスで中位くらいの学力の生徒を１番目にすると，発表会がうまく流れる。これは，他の生徒にとっては，目標にしやすいレベルと感じ，誰もがやる気を引き出されるからである。

　・発表後には，一言教師がコメントする。生徒の状況にもよるが，生徒のよい点を見つけてコメントすると，次の発表につながる。

　・評価表は回収し，聞き取りとして「聞くこと」の評価にすることもできる。

　・次のような項目で評価する。（観察）

ルーブリック

	2	1	0
内容	全体がテーマに沿った内容を話している。	おおむねテーマに沿った内容を話している。	テーマに沿って話していない。
構成	とても分かりやすく，テーマに関する５文以上の文で話している。	おおむね分かり，３文以上で話している。	分かりにくく，１，２文で話している。
態度	発表として完璧に成り立っている。	おおむね発表として成り立っている。	発表として成り立っていない。

評価の基準（ルーブリックの合計点により，以下の基準で評価する。〈6点中〉）

（観察による）・5点以上……………………………………… a

・3，4点…………………………………… b

・2点以下………………………………… c

簡易ディベート

次のテーマについて，賛成の立場の意見と反対の立場の意見とをそれぞれ発表する。

テーマ：Dogs are useful for us.

賛成の意見：I agree, because _____

反対の意見：I disagree, because _____

また，上で作った意見を基にして，反対の立場から賛成の意見に対する質問と，賛成の立場から反対の意見に対する質問をそれぞれ作る。

賛成の意見に対する質問：_____

反対の意見に対する質問：_____

最後に，完成した英文を使って，3人1チーム（賛成の立場：1人，反対の立場：1人，ジャッジ：1人）を作り，簡易ディベートをする。

ポイント

・賛成と反対に分かれて開始する。

・1人2回以上話すこととする。

・役割を替えながら，続ける。

・次のような項目で評価する。（観察）

ルーブリック

	2	1	0
表現	正確な語彙や表現を使用している。	おおむね正しい語彙や表現を使用している。	間違った語彙や表現を使用している。
内容	話の流れに合った適切な内容を話している。	おおむね話の流れに合った内容を話している。	まったく話の流れに合わない内容を話している。
態度	相手の話を聞き，積極的に話をしている。	おおむね話をしている。	途中で話を止め，やる気が感じられない。

評価の基準（ルーブリックの合計点により，以下の基準で評価する。〈6点中〉）

（観察による）・5点以上……………………………………… a

・3，4点…………………………………… b

・2点以下………………………………… c

5 「書くこと」の評価例

教科書本文（例） 【Lingua-Land English Course Ⅰ（教育出版）2002年】

> People often drink sodas from plastic bottles called PET bottles. The bottles are much lighter than cans or glass bottles.
>
> How many PET bottles do you buy in a week or in a month? After you finish drinking your sodas, what do you do? Do you throw away the bottles? Do you know what those bottles can be made into? They can be made into many different things. What you can get with only ten bottles is one school uniform.
>
> PET bottles can become many different kinds of school uniforms and sports outfits. They also become office uniforms. Maybe a bank clerk is wearing a bottle which you drank from.
>
> What did you do with your junior high school uniform? Is your younger brother or sister wearing it? Did you throw it away? If it is a PET bottle uniform, just give it back. Your old uniform can become a new pair of slippers or a nice flowerpot.
>
> Your uniform can be useful. So don't throw away your old uniforms. Help the environment. Let your uniform become something nice and new.

【新出語彙】

soda(s) / throw / outfit(s) / clerk / drank / pair / slipper(s) / flowerpot / environment

【新出語句・表現】

throw away 〜 / be made into 〜 / What do you do with 〜? / give 〜 back

【文法事項・構文等】

- 関係代名詞（what）
- 関係代名詞（目的格）

❶「知識・技能」の評価

　「書くこと」の領域における「知識・技能」を評価するには，日常的な話題や社会的な話題について，基本的な語句や文を用いて，情報や考え，気持ちなどを論理的に注意して文章を書いて伝えることができるかどうかで判断する。その際，１つの段落の文章を書くことから始め，必要に応じて複数の段落で書くようにする。まとまった文章を書く際には，有用な語句や文を提示して，事前に十分な準備をさせる。特に英語を苦手とする生徒にとっては，書くことは高いハードルである。書く以前の問題として，書く気力が芽生えない場合がほとんどである。そこで日々の授業の中で，自分の考えや気持ちなどを理由や根拠を基に話し伝える活動を継続的

に行い，モデルとなる例文や活用方法を提示して指導することが必要である。また，生徒が書きたいと思うようなテーマを設定したり，生徒の日常生活に近い話題を書かせたりすることで，書くことへの抵抗感をなくす必要がある。

「書くこと」の評価を行う際には，授業内では，語句や文の並び替え，絵や写真を説明する問題，手紙や電子メールを書く課題，英文を読んでの感想，あるテーマについて，自分の考えや気持ちをまとめる課題など，さまざまな形態で判断する。

【評価規準】（生徒の状況に合わせながら，評価規準を設定する。）

「知識」関係代名詞（what，目的格）の使い方を理解している。

「技能」日常的な話題や社会的な話題について，関係代名詞（what，目的格）や基本的な語句や文を使って，情報や自分の考え，気持ちなどを書いて伝える技能を身に付けている。

（1）授業内での評価

関係代名詞の理解

空所に適する関係代名詞を下から１つ選び，書き入れなさい。ただし，複数回入る代名詞がある。

① Do you understand (　　　　　) I said?

② He's the man (　　　　　) I met yesterday.

③ That's the game (　　　　　) I played last night.

④ (　　　　　) she did is important.

【選択肢】which　　who　　what

ポイント

問題文は，教科書本文からそのまま出題するのではなく，既習の語句を用いた文を創作し，出題する。もし，教科書本文を用いた問題の場合には，生徒が真に関係代名詞を理解しているかどうかは判断できない。文法事項を理解しているのではなく，単に本文を丸暗記している場合が考えられるからである。また，ここでは，空所に関係代名詞を直接書き入れさせることで，関係代名詞を強く意識させることができる。（小テスト）

評価の基準（正答数により，以下の基準で評価する。）

（４問中）・４問正解の場合………………………………… a

・２，３問正解の場合………………………… b

・１問正解または４問とも不正解の場合…… c

関係代名詞の活用

関係代名詞 who, which, what を含む文の並び替え問題で判断する。

（1）who / the best / Mr. Tanaka / like / the teacher / is / I /.

　　（田中先生は私が最も好きな先生です。）

　　（解答）Mr. Tanaka is the teacher who I like the best.

（2）which / at home / have / is / the dog / This / I /.

　　（これは私が家で飼っている犬です。）

　　（解答）This is the dog which I have at home.

（3）what / don't / he / I /know / said /.

　　（私は彼が言ったことを理解できません。）

　　（解答）I don't know what he said.

ポイント

　関係代名詞の理解や活用力を判断することから，教科書本文にない文を利用するとともに，並べ替える語句の一番初めに関係代名詞を置くことにより，更に関係代名詞を意識させながら問題に取り組ませることができる。（小テスト）

評価の基準（正答数により，以下の基準で評価する。）

　（3問中）・3問正解の場合……………………………… a

　　　　　・1，2問正解の場合………………………… b

　　　　　・3問とも不正解の場合……………………… c

条件作文

　関係代名詞を含む文の後の下線部に，文を補充して1文を完成させる。

（1）This is the book which（解答例）I read last night　　　　　.

（2）She is the teacher who（解答例）I met yesterday　　　　　.

（3）I don't understand what（解答例）my father said　　　　　.

ポイント

　この問題は，一見すると「思考・判断・表現」に関する問題にも見えるが，先行詞と関係代名詞を提示しているので，後ろに続く文を自由に考えることができる。関係代名詞の役割を理解できている場合には，それほど難しくない問題である。生徒の状況にもよるが，「知識・技能」を判断する上での，技能面と捉えることができる。（小テスト）

評価の基準（正答数により，以下の基準で評価する。）

　（3問中）・3問正解の場合……………………………… a

　　　　　・1，2問正解の場合………………………… b

　　　　　・3問とも不正解の場合……………………… c

（2）ペーパーテストでの評価

空所補充

空所に適する関係代名詞を書き入れて，適切な文にしなさい。

① (　　　　　) she said is useful.

② This is the movie (　　　　　) I saw yesterday.

③ The man (　　　　　) we met in the supermarket is Yumi's father.

④ This is the computer (　　　　　) I use at home.

⑤ I want to know (　　　　　) she is thinking.

⑥ She is the musician (　　　　　) I like the best.

ポイント

空所には，関係代名詞 who, which, what のいずれか１つを書き入れる問題である。前後の文の流れを理解しながら関係代名詞を書き入れることになるが，生徒によっては，先行詞となる語句が人やモノ，〜することの意味を表していることを理解していれば，全文を読まずに簡単に解答を導き出すことができる。したがって，ここでは「思考・判断・表現」を判断する問題ではなく，「知識・技能」を判断する問題としている。しかし，生徒の状況によっては，「思考・判断・表現」の問題と捉えることもできる。問題文は，教科書本文や例文から出題するのではなく，既習の語句を用いた文を創作し，出題する。

評価の基準（正答数により，以下の基準で評価する。）

（6問中）・５問以上正解の場合‥‥‥‥‥‥‥‥‥‥‥‥‥‥‥‥‥‥ a

　　　　・３，４問正解の場合‥‥‥‥‥‥‥‥‥‥‥‥‥‥‥‥‥‥ b

　　　　・１，２問正解または６問とも不正解の場合‥‥‥‥ c

文補充

＿＿＿＿＿に適する文と（　　）に適する文とを下から１つずつ選んで，最も適切な文を完成させなさい。文頭は小文字で始めている場合がある。

（1）＿＿＿＿＿＿＿＿＿＿＿＿＿＿＿＿ which (　　　　　　　　　　　　　).

（2）＿＿＿＿＿＿＿＿＿＿＿＿＿＿＿＿ who (　　　　　　　　　　　　　).

【選択肢】　a. I played soccer with　　　　b. I bought yesterday

　　　　　c. this is the book　　　　　　d. that is the boy

ポイント

関係代名詞を挟んで，前後の文の流れを正しく理解しているかを判断する問題である。この場合，「思考・判断・表現」を問う問題と捉えることもできるが，記号のみを選ばせることか

ら，関係代名詞の理解と捉え，「知識・理解」と考える。「書くこと」の領域であることと，書くことの改善につなげるために，記号選択ではなく，文を書き写させることが有効である。

> **評価の基準**（正答数により，以下の基準で評価する。）
> （2問中）・2問正解の場合……………………………………… a
> 　　　　　・1問正解の場合……………………………………… b
> 　　　　　・2問とも不正解の場合……………………………… c

❷ 「思考・判断・表現」，「主体的に学習に取り組む態度」の評価

「書くこと」の領域における「思考・判断・表現」を評価するには，生徒の状況により，書くテーマに関する語句や表現を数多く示し，それらを使いながら，生徒の考えや気持ちに沿って書かせる。その際，情報や考え，気持ちなどを理由や根拠とともに，論理的に一貫性がある内容かどうかを判断していく。ただし，英語を苦手とする生徒にとっては，「書くこと」はどの領域よりもハードルが高いことから，まずは，日本語で理由や根拠を明確にし，使用する語句や文，文章例を教師が十分に示し，準備のために多くの時間を確保することが必要になる。

また，生徒が書いた文章は間違いが多く，それら全てを細かく教師が添削してしまうと，生徒の書く意欲がますます削がれる。そこで，「主体的に学習に取り組む態度」も評価に加味して，生徒自身が有用な語彙や表現，文章例などを学び，主体的にそれらを活用していくなど，自律的な学びにつながるような面を大いに評価していく。また，書くテーマについては，生徒自身が書きたいと思うもの，生徒にとって身近なものを設定することが大切である。

> **【評価規準】**（生徒の状況に合わせながら，評価規準を設定する。）
> **「思考・判断・表現」** 環境問題について，考えや気持ちなどを理由や根拠とともに書いている。
> **「主体的に学習に取り組む態度」** モデルを参考にして主体的に書いたり，原稿を何度も推敲したりして，より改善された原稿を書こうとしている。

（1）授業内での評価

レポート①

テーマを「好きな音楽家」と題して，3文程度でまとめさせる。

ポイント

教師自身の「好きな音楽家」のレポートをモデルとして事前に示す。以下の項目で評価する。

ルーブリック

	2	1	0
内容	全体がテーマに沿った内容を書いている。	おおむねテーマに沿った内容を書いている。	テーマに沿って書いていない。

構成	英語が正しく，３文以上の文で書いている。	おおむね英語が正しく，３文で書いている。	間違いが多く，文章として成り立っていない。
態度	何度も校正し，完璧な文章となっている。	ある程度校正し，完成させている。	書く気がなく，完成もしていない。

評価の基準（ルーブリックの合計点により，以下の基準で評価する。〈６点中〉）

（観察による）・５点以上………………………………………… a

　　　　　　　・３，４点…………………………………………… b

　　　　　　　・２点以下…………………………………………… c

レポート②

テーマを「環境問題」と題して，以下のような語句を参考に５文程度でまとめさせる。

（参考となる語句）

environmental / poisonous gas / pollution / renewable / sustainable / global warming / plastic / fossil fuel / oil / natural gas / coal / collect / reuse / recycle / resource

ポイント

　テーマが生徒にとっては難しい内容としても，指導として欠かせないものの場合，初めに日本語で考えさせることも大切なことである。また，インターネットや学校の図書館を利用し，十分な情報を基にまとめさせる。その際，教師は数多くの語句や表現を生徒に提示し，また，生徒の知りたい語句や表現を伝えたりしながら，徐々に完成度の向上も図る。以下の項目で評価する。（観察）

ルーブリック

	2	1	0
内容	全体がテーマに沿って，理由と根拠を明らかにして書いている。	おおむねテーマに沿った内容を書いている。	テーマに沿って書いていない。
構成	英語が正しく，５文以上の文を複数の段落で書いている。	おおむね英語が正しく，５文程度で書いている。	間違いが多く，文章として成り立っていない。
態度	何度も校正し，完璧な文章となっている。	ある程度校正し，完成させている。	書く気がなく，完成もしていない。

評価の基準（ルーブリックの合計点により，以下の基準で評価する。〈６点中〉）

（観察による）・５点以上……………………………………… a

　　　　　　　・３，４点…………………………………………… b

　　　　　　　・２点以下…………………………………………… c

基礎

6 「聞くこと」の評価例

教科書本文（例） 【NEW ONE WORLD Communication Ⅰ（教育出版）2018年】

Part 1

Look at the pictures above. The left one is a picture of the sea around a small island in Southern Italy. Is this boat in midair? No, it is on the sea. The water there is so clear!

The right one is a picture of a hotel in Northern Finland. There, in the sky full of stars, you can watch the aurora from your bed in the hotel room. Many people want to see it.

Don't you want to visit these places with wonderful views?

Part 2

The table below on the left shows a ranking of "tourists with good reputations." Hotel managers in many countries voted on it. In the ranking, Japanese are first, British are second, and Canadians are third. Their behavior gave them a good reputation. Most of the hotel managers find Japanese polite, tidy, and not noisy. But in a ranking about languages, Japanese people are in the bottom three. We may have a lot of difficulties with the language when we go abroad.

Part 3

Before we go abroad, we need to prepare many things. For example, we need a passport, air tickets and so on. We also need a language for communication. Which language do we choose?

Now over 1.5 billion people in the world use English. If we have a good command of English, we will be able to move around freely, make friends with foreign people, and broaden our world. Communication with other people will lead us to new points of view. Now, it's time to study English and go out into the world.

【新出語彙】

southern / Italy / midair / northern / Finland / aurora / ranking / tourist(s) / reputation(s) manager(s) / vote(d) / British / Canadian(s) / behavior / polite / tidy / noisy / bottom / difficulties / prepare / passport / billion / command / freely / broaden / lead

【新出語句・表現】

full of ～ / want to do / Don't you want to ～? / ranking of / vote on ～ / in the bottom ～ / for example / ～ and so on / make friends with / lead ～ to … / point of view

【文法事項・構文等】

- 基本的な文構造（S＋V, S＋V＋C, S＋V＋O, S＋V＋O＋O, S＋V＋O＋C）
- to 不定詞（to ＋動詞の原形）（名詞的用法，形容詞的用法，副詞的用法）

❶「知識・技能」の評価

　「聞くこと」の領域における「知識・技能」を評価するには，文章を聞き取るために必要となる語彙や表現，文法（この単元では「基本的な文構造」と「不定詞」）の意味や働きを理解しているかどうかや，話題（この単元では「旅行」）に関する文書を聞き取る技能を身に付けているかどうかを評価する。具体的には，当該単元で学習した語彙やターゲットの文法が含まれた短文や短い会話を聞いて，正しく意味や内容を捉えることができているかどうかで判断する。

　また，英語を聞き取るために必要な英語の音声上の特徴や英語特有のリズム等についても，生徒が知識として身に付けているかどうかを測ることも可能である。

　「知識・技能」の評価の場面においては，音素や単語，文などを段階的に聞き取れるようになることを生徒が実感できるようにすることが大切である。また，評価の方法を授業内の活動と関連したものにすることや，学習の方法を適宜，提示することで，授業内外において生徒が「何ができるようになるか」を意識して学習を行うことができるようにすることが非常に重要である。

　本単元において，「聞くこと」における「知識・技能」が身に付いたかどうかを測るために，授業内では，Listen and Say，シャドーイング，ディクテーションを行うこととし，定期考査では，リスニングテストにおいて「基本的な文構造」や「不定詞」が含まれた英文の内容理解を問う問題を出題することとする。

【評価規準】（生徒の状況に合わせながら，評価規準を設定する。）

「知識」英語の音声上の特徴や，基本的な文構造や不定詞の意味や働きを理解している。
「技能」旅行についての文章を聞き取る技能を身に付けている。

（1）授業内での評価

Listen and Say

　教師が読み上げた語句や英文をそのまま繰り返させる。授業中に教師が個々の生徒のところに行き，教科書内の英文や語句を読み上げ，生徒はそれをリピートする。

教師：The right one is a picture of a hotel.
生徒：The right … is picture … hotel.
教師：We may have a lot of difficulties.
生徒：We may have … difficulties.

語句や英文については，ターゲットの文法や英語の音声上の特徴が含まれたものを事前に選んでおき，その中から2つもしくは3つを読み上げる。生徒にとっては，音と意味処理を同時に行った上で英文や語句を繰り返すため，負荷が高い。そのため，英文や語句は基本的には5語から9語程度で行うことが望ましい。（観察）

評価の基準（以下の基準で評価する。）

（観察による）・英文や語句を正確に再生できている…………………………………… a

・内容語についてはほぼ再生できている………………………………… b

・内容語を再生できていない…………………………………………… c

シャドーイング

1人1台端末や，ボイスレコーダーを使用できる場合は，各パート終了後，一斉に音声を流し，生徒はシャドーイングを行い，その音声を録音して提出する。また，シャドーイングを実施後，生徒に教科書本文が印刷されたハンドアウトを配付し，録音した音声を聞きながら，うまく音声化できなった部分とその原因（語彙・文法や英語の音声的特徴の理解不足等）を明らかにするとともに，気付いたことや学んだことを書き込むよう指示する。

録音を行うことが困難な場合は，生徒1人1人にシャドーイングを実施させ，その様子を観察し，評価する。この場合は，各パート後に評価することは困難であるため，単元が終了後実施するとよい。

ポイント

シャドーイングは聞こえてきた英文を即座に繰り返すことで，音声知覚を鍛えることができ，リスニング能力の向上につながるとされている。評価を行う際には，リズムや抑揚等の音声的な特徴を踏まえてシャドーイングを行っているかや内容理解を伴って行っているかを評価する。（録音の聞き取り）

評価の基準（以下の基準で評価する。）

（録音の聞き取りによる）

・正しい抑揚，イントネーションかつ正しい英文で再生できている……… a

・英文に誤りや再生できていないところがあるものの，おおむね正

　しい抑揚，イントネーションで再生できている……………………… b

・正しい抑揚，イントネーションで英文を再生できていない……………… c

ディクテーション

教科書本文，もしくは教科書本文を rewrite や summarize したものの一部を空所にしたものを配付し，英文を聞かせ，生徒は英文を聞きながら空所の部分を書き取る問題である。

教科書本文の summary

There are many places ＿＿＿＿＿(1)＿＿＿＿＿ around the world such as the sea around a small island in Southern Italy, and a hotel in Northern Finland. Do you want to visit them?

Japanese people have good reputations for their behavior. Hotel managers around the world ＿＿＿＿(2)＿＿＿＿. On the other hand, a lot of Japanese people do not try to speak the language ＿＿＿＿＿(3)＿＿＿＿＿. If you ＿＿＿＿(4)＿＿＿＿, a language for communication is necessary. Today many people in the world use English. If you study English, you will broaden your world.

（解答）　(1) with wonderful views　　　　　(2) find Japanese people polite

　　　　　(3) of the country they visit　　　　(4) want to go out

ポイント

　ディクテーションの際には，１度目は自然な速度で全文を聞かせる（生徒は概要を理解する），２度目は１文ずつ区切りながら聞かせる（生徒は聞いた内容を書き取る），３度目はもう一度自然な速度で聞かせる（生徒は書いた内容を確認する）など，複数回聞かせるとよい。また，ここでは「聞くこと」を評価することが目的であるため，細かな綴りの間違いなどは間違いとせず，聞き取れていると判断できる場合は正解とする。（小テスト）

評価の基準（正答数により，以下の基準で評価する。）

　（４問中）・４問正解の場合……………………………… a

　　　　　・２，３問正解の場合………………………… b

　　　　　・１問正解または４問とも不正解の場合…… c

（2）ペーパーテストでの評価

リスニングテスト

　英語を聞いて，その英文の応答として最も適切なものを１つ選びなさい。

（１）① Yes, I get home early on Wednesday.

　　　② Yes, I get milk at a supermarket.　　　③ Yes, I get up around 6 every day.

（２）① I cannot tell you what to eat.

　　　② I don't want to eat any more food.　　　③ Sure, I will get you some bread.

（スクリプト）

（１）Do you usually get up early?

（２）Can I have something to eat?

ポイント

聞き取る英文は，平易な文とする。

（2問中）・2問正解の場合……………………………………… a

・1問正解の場合……………………………………… b

・2問とも不正解の場合……………………… c

❷「思考・判断・表現」,「主体的に学習に取り組む態度」の評価

「聞くこと」の領域における「思考・判断・表現」を評価するには，コミュニケーションを行う目的や場面，状況などに応じて，日常的な話題や社会的な話題について，必要な情報を聞き取り，話し手の意図や概要，要点を聞き取って理解できているかを評価する。

また，「主体的に学習に取り組む態度」では，「聞くこと」におけるさまざまな活動や，テストの中で自律的に話し手に配慮しながらコミュニケーションを図ろうとしている（聞こうとしている）かや，自分にはどのような点が足りないのか，どのように学習すればよいかなどを自ら考え，積極的に改善のために努力を惜しまない姿や態度を評価していく。

【評価規準】（生徒の状況に合わせながら，評価規準を設定する。）

「思考・判断・表現」旅行等に関する説明や会話等を聞いて，概要や要点，詳細を整理して捉えている。

「主体的に学習に取り組む態度」説明や会話等の内容を理解するために，積極的に聞こうとしている。

（1）授業内での評価

メモ作成

教師がまとまりのある内容を英語で語りかけ，生徒はそれを聞きながらメモを取る。内容を聞き取れているかどうかについては，メモの内容を基に判断する。

（スクリプト）

I am going to tell you about my trip to France and Italy. When I was in college, I went to France and Italy with my friends. That was the first time for me to go abroad. In France, we went to the Louvre Museum. There we saw the Mona Lisa painting. That was very beautiful. Then we went to Italy. We went there to see soccer games and to eat Italian food. During the trip we were able to communicate with people in English. I found English very useful.

ポイント

授業では，メモを取るだけでなく，メモの内容を基に，ペアやグループでその内容を英語で伝え合う活動を行うことができる。また，評価の際は，綴りや文法の正確さではなく，キーワードとなる語が書かれているかを評価する。また，「主体的に学習に取り組む態度」について

も一体的に評価する。（メモ）

評価の基準（以下の基準で評価する。）

（メモによる）・理解している（時系列でまとめるなど，工夫してメモを取っている）…… a

・おおむね理解している（メモを取ろうとしている）………………………… b

・理解していない（メモを取ろうとしていない）………………………………… c

（2）ペーパーテストでの評価

リスニングテスト

会話を聞いて，質問の答えとして最も適切なものを選びなさい。

（1）What are Rachel and Tom talking about?（「概要を捉えること」を評価する問題例）

① About a temple in Kyoto with a beautiful garden.

② About the TV show they like to watch.

③ About what they like to do on weekends.

④ About what they want to do on the next school trip.

（2）What does Rachel like to do?（「要点を捉えること」を評価する問題例）

① She likes to watch TV.　　　　② She likes to enjoy sightseeing.

③ She likes to go out and enjoy nature.　　④ She likes to eat at a restaurant.

（スクリプト）

Rachel : Hi, Tom. Next week, we are going to talk about the school trip in the HR class.

Tom : Yes. We are going to talk about where we will go and what we are going to do there.

Rachel : Where do you want to go?

Tom : I want to go to Kyoto. I want to go there to enjoy sightseeing. Last week I saw a TV show about a temple there. It has a beautiful garden. I found it very nice. How about you, Rachel?

Rachel : I like to be in nature. I think we can go to a mountain in Nara to have a barbeque. It's nice to enjoy cooking and eating food outside.

ポイント

教科書の題材に関連した内容の会話を作成する。その際には，新出の語彙や表現，ターゲットの文法を使用するとよい。また，問題を作成する際には，「概要を捉えているか」，もしくは「要点を捉えているか」のどちらを評価するかを明確にした上で作成する。

評価の基準（正答数により，以下の基準で評価する。）

（2問中）・2問正解の場合………………………………… a

・1問正解の場合………………………………… b

・2問とも不正解の場合………………………… c

7 「読むこと」の評価例

教科書本文（例）　　　【NEW ONE WORLD Communication Ⅰ（教育出版）2018年】

At the end of each year, concerts are held throughout Japan to play Beethoven's Ninth Symphony. These days, you can often see ordinary people participating in the concerts on stage. They sing "Ode to Joy," instead of just sitting among the audience. However, this is very Japanese. It rarely happens in other countries.

The number of concerts performing this symphony is rather limited in Europe, since it is a very difficult piece of music to play and sing. Why has the Ninth Symphony become so popular in Japan? We can find a clue to this mystery in what happened in Naruto City, Tokushima Prefecture, during World War Ⅰ.

In World War Ⅰ, Japan fought against Germany in China and won. After that, Japan built several camps where they kept German prisoners of war. One of them was located in Bando-cho in Naruto City, Tokushima Prefecture.

When we hear the word "camp," we may think of the ones used for Jewish people during World War Ⅱ. But the Bando Camp was very unique. There, the captives were allowed to bake bread and publish newspapers. They even had a chance to teach local people in Tokushima how to play musical instruments or how to do gymnastics.

When the war was coming to an end, the German prisoners planned to have a concert in the camp. The concert was held on June 1st, 1918. They played Beethoven's Ninth Symphony. It was the first time when the Ninth Symphony was played in Japan and in Asia.

The prisoners gave several more concerts after that to express their gratitude to the people in Tokushima before returning home. Many local people came to the concerts and listened to their music. The prisoners' performance made a great impression on the audience. Even today, there are still warm exchanges between families of the German prisoners and people in Tokushima.

Right after World War Ⅱ, orchestras in Japan earned very little money. They didn't have enough money to welcome the New Year, so they decided to give concerts in December. They chose to perform Beethoven's Ninth Symphony. The reason it was chosen was because they thought it was popular enough to attract a large audience.

Over the years, the number of such concerts gradually increased. Now it has become very common for orchestras in Japan to perform the Ninth Symphony in December.

This is how the Ninth Symphony became not only a bridge between Germany and Japan but also a new aspect of Japanese culture.

【新出語彙】

throughout / Beethoven / ordinary / ode / instead / audience / rarely / rather / limit (ed) /
clue / mystery / several / camp (s) / prisoner (s) / locate (d) / Jewish / captive (s) / allow
(ed) / publish / chance / musical / instrument (s) / gymnastics / gratitude / performance /
impression / exchange (s) / orchestra (s) / attract / gradually / increase (d) / common /
bridge / aspect

【新出語句・表現】

instead of 〜 / be located in 〜 / think of 〜 / come to an end / make a 〜 impression on …
/ right after 〜 / over the years / the number of 〜

【文法事項・構文等】

- 関係代名詞（what）
- 関係副詞（where, when, why, how）

標準

❶「知識・技能」の評価

　「読むこと」の領域における「知識・技能」を評価するには，読むために必要な英語の特徴
や決まりに関する事項を理解しているか，コミュニケーションを行う目的や場面，状況に応じ
て，英文を読んで，その内容を捉える技能を身に付けているかどうかで判断する。

　読むために必要な英語の特徴や決まりに関する事項については，ターゲットの文法（この単
元では関係代名詞，関係副詞）の形式や意味，使用に関する問題を出題する。また，英文を読
んでその内容を捉える技能に関する事項については，教科書本文の内容に関連する英文を読み，
その内容を捉えているかを問う問題を出題する。

【評価規準】（生徒の状況に合わせながら，評価規準を設定する。）

「知識」文章を読み取るために必要となる英語（関係代名詞［what］）や，関係副詞（［where,
　　　　when］）の特徴や決まりに関する事項を理解している。

「技能」歴史的な出来事について書かれた英文を読んで，その内容を捉える技能を身に付けて
　　　　いる。

（1）授業内での評価

英問英答

　教科書本文を読んで，英語の質問の答えとして適切な語句や文を抜き出させる問題である。

（1）The reason why the Ninth Symphony has become popular in Japan is a mystery.
　　　Where can we find a clue to this mystery?
　　　We can find it in _____.

（2） What did Japan build after Japan fought against Germany in China and won?

Japan built _____.

（3） When was the Ninth Symphony played for the first time in Japan and in Asia?

It was played _____

（4） Why did orchestras in Japan choose to perform Beethoven's Ninth Symphony?

It was because _____.

ポイント

　解答は本文から抜き出すだけでよいが，質問の内容を理解しないと解答の場所を探すことができないようになっている。また，ターゲットの文法が含まれた英文を理解していないと解答できないようにすることで，文法項目を意識させることができる。（小テスト）

評価の基準（正答数により，以下の基準で評価する。）

（４問中）・４問正解の場合………………………………… a

　　　　　・２，３問正解の場合………………………… b

　　　　　・１問正解または４問とも不正解の場合…… c

真偽判定（True or False）

　教科書本文を基に，以下の英文の内容の正誤を判断させる問題である。本文の内容と合っている場合は T，異なっている場合は F と書かせる。

ア　Now you can often see ordinary people participating in the concerts on stage in many countries. （　　）

イ　We do not know why the Ninth Symphony has become so popular. （　　）

ウ　After Japan fought against Germany in China, German prisoners of war were kept in some camps in Japan. （　　）

エ　In the camp in Bando-cho, the captives were able to bake bread and publish newspapers. （　　）

オ　June 1st, 1918 was the day when the Ninth Symphony was played for the first time in Japan and in Asia. （　　）

カ　A lot of people in Naruto City came to the concerts held by German soldiers. （　　）

キ　Orchestras in Japan thought Beethoven's Ninth Symphony was not popular in Japan but they performed it at their concerts. （　　）

ポイント

　教科書本文の表現をパラフレーズすることで，改めて英文を読ませるようにする。また，ターゲットの文法が使用されている英文を既習の表現を使用してパラフレーズをすることで，ターゲットの文法を含む英文の理解を確認することが可能となる。（小テスト）

評価の基準（正答数により，以下の基準で評価する。）

（7問中）・6，7問正解の場合……………………………………… a

　　　　　・4，5問正解の場合……………………………………… b

　　　　　・1，2，3問正解または7問とも不正解の場合…… c

（2）ペーパーテストでの評価

空所補充

学習した文法事項について理解できているかを判断する。

　以下は，留学生のマーク（**Mark**）と裕史（**Hiroshi**）の会話です。英文を読んで，空所に入るのに最も適しているものを選びなさい。

Mark：Hi, Hiroshi. What are you listening to?

Hiroshi：I'm listening to Beethoven's Ninth Symphony.

Mark：Oh, you are listening to classic music.

Hiroshi：Yes. Last summer, I went to Naruto City, Tokushima Prefecture and learned about the Bando Camp. Since then, I am a big fan of classic music.

Mark：（　1　）.

Hiroshi：Sure. （　2　）. The Bando Camp was one of them. There the captives were allowed to bake bread and publish newspapers. They also taught how to play musical instruments or how to do gymnastics to people in Tokushima.

Mark：I see. I thought prisoners of war did not have so much freedom during war. The Bando Camp was very unique, wasn't it?

Hiroshi：That's right. The German prisoners held a concert in 1918. （　3　）. After that, the prisoners gave more concerts to show their gratitude to the people in Tokushima and many local people came to the concerts and listened to their music. Even today there are still warm exchanges between families of the German prisoners and people in Tokushima. （　4　）.

【選択肢】

ア　Can you tell me what happened in Naruto City?

イ　It was the first time when the Ninth Symphony was played in Japan.

ウ　Japan built camps where they kept German prisoners of war during World War I.

エ　This is how the Ninth Symphony became a bridge between Germany and Japan.

ポイント

　モノローグをダイアローグに変えるなど，教科書本文の形式を変えることで，記憶力を問う問題にならないようにすることができる。ただし，既習の表現を使うなど，生徒の負担を極力

避けるようにすることが必要である。

❷ 「思考・判断・表現」，「主体的に学習に取り組む態度」の評価

　「読むこと」の領域における「思考・判断・表現」を評価するには，読んだ英語の情報から，概要や要点，詳細，書き手の意図などを判断しながら的確に捉えたり，生徒自身が既存の知識や体験，または授業で学習したことなどを関連付けたりしながら理解しているかどうかで判断する。定期考査では，教科書の内容をどれだけ理解したかではなく，学習したことを実際に活用する力が身に付いているかを評価するため，基本的には初見の文章を用いて評価する。

　また，「主体的に学習に取り組む態度」については，活動の中で分からない語や表現があっても，前後関係から意味を推測しようとしているかなどを確認し，その結果を単元や学期末の評価を総括する際に参考にすることができる。

【評価規準】（生徒の状況に合わせながら，評価規準を設定する。）

「思考・判断・表現」 国際交流に関する説明文を読んで，概要や要点，詳細を整理して捉えている。

「主体的に学習に取り組む態度」 国際交流に関する説明文を読んで，概要や要点，詳細を整理して捉えようとしている。

（1）授業内での評価

文の並べ替え

　教科書を読み，出来事が起こった順番について，次の問いに記号で答えなさい。ただし，アは一番初めに起こった出来事であり，カは最後に起こった出来事である。

　ア　Japan built a camp in Bando-cho in Naruto City, Tokushima Prefecture.

　イ　It became very common for orchestras in Japan to perform the Ninth Symphony in December.

　ウ　Orchestras in Japan didn't have enough money, so they decided to give concerts in December.

　エ　The German prisoners held a concert to express their gratitude to the people in Tokushima.

　オ　The German prisoners taught local people in Tokushima how to play musical instruments.

カ　Beethoven's Ninth Symphony became popular in Japan.

（1）アの次に起こった出来事（2）イの次に起こった出来事（3）ウの次に起こった出来事
（4）エの次に起こった出来事（5）オの次に起こった出来事

ポイント

　時系列に，起こった出来事を整理して内容を理解できるかどうかを測る問題である。上記のような問題形式にすることで，完答かどうかで点数を与えるのではなく，部分点を与えることができるため，生徒の理解状況を適切に測ることが可能となる。（小テスト）

評価の基準（正答数により，以下の基準で評価する。）

（5問中）・5問正解の場合……………………………………… a
　　　　　・3，4問正解の場合………………………………… b
　　　　　・1，2問正解または5問とも不正解の場合…… c

（2）ペーパーテストでの評価

内容理解

　あなたは，鳴門市ドイツ館（German House of Museum）への訪問を検討しており，インターネット上でドイツ館に関する書き込みを見つけました。英文を読み，①ドイツ館でできること，②ドイツ館以外に薦めている場所，を日本で書きなさい。

Worth a Visit!
November 2021
　You will feel touched that the German prisoners and local Japanese people became friends despite the war. On the second floor, there are dioramas of the camp, photographs and documents. From them you can learn what happened in Tokushima during World War I. In the Daiku Theater (Ninth Theater), you can see the video of how the first performance of Beethoven's Ninth Symphony was held. (You can see some robots playing the music, too!) You can also buy some German food.
　You should go to the park where the Bando Camp was built. In the park, you can see the bridge built by German soldiers.

ポイント

　初見の文章で，内容を理解しているかを問う問題である。逐語訳ではなく，おおむね内容を理解できていると判断すれば正解とする。

評価の基準（以下の基準で評価する。）

　　・2つの条件について過不足なく記載されている………………………………… a
　　・内容に不足があるものの，2つの条件について記載されている………… b
　　・2つの条件について記載されていない……………………………………… c

8 「話すこと [やり取り]」の評価例

教科書本文（例） 【NEW ONE WORLD Communication Ⅰ （教育出版）2018年】

Part 1

Have you heard of the Tokaido Cleanup Relay? It was started by college students in Kanagawa Prefecture in 2006. It was called the Another Hakone Ekiden at that time.

In this race, each team tries to collect as much litter as possible and finish the route in the shortest time. They usually collect more than 200 large bags of litter.

The runners who have participated in the race are surprised to see the litter. It includes everyday objects like handbags or telephones. They hope the event will get more attention, and that people will stop throwing things out by the road in the future.

Part 2

Everyone knows the Academy Awards. They are given for the best achievements in movie making. So, do you know the movie awards which are given for the worst ones? They are the Golden Raspberry Awards, or the Razzies for short. The ceremony is held every year, but the winners usually don't attend it.

In 2004, Halle Berry received the worst actress award and attended the ceremony. She had won an Academy Award in 2001. So she was applauded by many for attending. She came to the ceremony because her mother said, "If you aren't able to be a good loser, you cannot be a good winner."

Part 3

The Ig Nobel Prize is a parody of the Nobel Prize. "Ig" comes from the word "ignoble" meaning "low."

Mabuchi Kiyoshi was awarded this prize in 2014. He studied the slipperiness of banana peels. "This is the research that I have long wanted to do," he said. He stepped on banana peels many times, and proved that they were six times as slippery as a normal floor. He is an expert in medical engineering. The study may be useful when he tries to create better artificial joints someday.

You may first laugh at such unique studies, but later you will realize their deeper meanings.

【新出語彙】

cleanup / relay / prefecture / race / litter / possible / route / runner(s) / participate(d) / include(s) / object(s) / attention / achievement(s) / Golden Raspberry / Razzie(s) / ceremony / winner(s) / attend / Halle Berry / actress / applaud(ed) / loser / Ig Nobel Prize / parody / ignoble / slipperiness / peel(s) / research / prove(d) / slippery / normal /

expert / medical / artificial / joint(s) / someday / realize

【新出語句・表現】

hear of 〜 / as 〜 as possible / be surprised to do 〜 / for short / come from 〜 / step on 〜 / 〜 times as … as / laugh at 〜

【文法事項・構文等】

- 関係代名詞 who（主格）
- 関係代名詞 which, that（主格）
- 関係代名詞 whom, which, that（目的格）

❶ 「知識・技能」の評価

　「話すこと［やり取り］」の領域における「知識・技能」を評価するには，英語でやり取りをするために必要な英語の特徴や決まりに関する事項を理解しているか，コミュニケーションを行う目的や場面，状況などに応じて，日常的な話題や社会的な話題について，情報や考え，気持ちなどを伝え合う技能を身に付けているかどうかで判断する。

　高校生の中には，英語を話すことに苦手意識や抵抗感を感じている生徒が多くいる。特に，やり取りをする際には，会話が続かないことが多い。そのため，相づちを打ったり，相手に聞き返したりする際に使用する表現や，それらの表現を使用したやり取りの具体的なモデルを提示するなどの支援を行う必要がある。

　「話すこと［やり取り］」の評価を行う場面としては，授業内では教師と生徒によるインタビューテストや生徒同士によるやり取りの発表（ロールプレイ），ペーパーテストやリスニングテストでは，やり取りに必要な表現の理解を測る。

【評価規準】（生徒の状況に合わせながら，評価規準を設定する。）

「知識」関係代名詞の特徴や決まり，考えや意図を伝えるための表現を理解している。

「技能」基本的な語句や表現を用いて，情報や考え，気持ちなどを，伝え合う技能を身に付けている。

（1）授業内での評価

インタビューテスト

　生徒が教科書本文の登場人物であると仮定し，教師が生徒1人1人に質問をする。

（1）教師：When was the Tokaido Cleanup Relay started?

　　生徒：（解答例）It was started in 2006.

（2）教師：Was it called "Tokaido Cleanup Relay" when it was started?

　　生徒：（解答例）No, it was called Another Hakone Ekiden.

（3）教師：What did you do in the race?

　　生徒：（解答例）We tried to collect as much litter as possible and finish the route in the
　　　　　shortest time.

ポイント

　生徒は登場人物になりきることで，教科書本文の英文をそのまま抜き出すのではなく，質問の内容を理解し，適切に答えることが必要になる。評価については，質問の内容に対して，適切に答えているかを判断する。生徒の状況によっては，文章ではなく，単語やフレーズで解答した場合でも，やり取りが成立している場合は正解とみなすことも可能であるが，徐々に英文で話すことができるように指導することが大切である。（観察）

評価の基準（以下の基準で評価する。）

（観察による）・適切にやり取りが成り立っている……………………………………… a
　　　　　　　・おおむねやり取りが成り立っている…………………………………… b
　　　　　　　・やり取りが成り立っていない…………………………………………… c

（2）ペーパーテストでの評価

選択問題

　次の会話に入る適切な英文を下から選び，番号を書きなさい。

（1）A：（　　　）

　　B：Because we saw litter which includes everyday objects like handbags or
　　　　telephones.

　① Why did you participate in the race which is called Tokaido Cleanup Relay?

　② Why was the race which started in 2006 called Tokaido Cleanup Relay?

　③ Why were you surprised when you participated in the Tokaido Cleanup Relay?

（2）A：（　　　）

　　B：To study the slipperiness of banana peels.

　① What did you do to prove the slipperiness of banana peels?

　② What prize did you get based on your research on medical engineering?

　③ What was the research which you wanted to do?

ポイント

　やり取りに必要な知識を身に付けているかどうかを確認する問題である。選択肢の英文は全て教科書に記載されている内容であるため，全員が正解になり得る。そのため，生徒は覚えている内容で選ぶのではなく，Bの発話の内容を正確に理解した上で，やり取りが成立する英文を選ばなければならない。

評価の基準（正答数により，以下の基準で評価する。）

（2問中）・2問正解の場合……………………………………… a

　　　　・1問正解の場合……………………………………… b

　　　　・2問とも不正解の場合……………………… c

（3）リスニングテストでの評価

選択問題

会話を聞き，最後の発言に対する応答として最も適切なものを選びなさい。

（1）（　　　）

① How many bags of litter did they collect?

② How many people participated in the race?

③ No, they are called the Another Hakone Ekiden.

④ Yes, they want people to stop throwing things out.

（2）（　　　）

① It is called the Razzies.　　　　② It is held every year.

③ The award is given to the worst ones.

④ They don't usually attend the ceremony.

（3）（　　　）

① Her mother's words did.　　　　② She had won an Academy Award.

③ No. They did not come to the ceremony.

④ Yes. She came to the ceremony.

（4）（　　　）

① He is an expert in medical engineering.

② His research might be useful in the future.

③ "Ig" comes from the word "ignoble."

④ Mabuchi Kiyoshi was awarded the prize.

（スクリプト）

（1）A : This is a picture of the Tokaido Cleanup Relay.

　　B : Are they collecting litter?

　　A : Yes. They try to collect as much litter as possible.

（2）A : What is this picture about?

　　B : This picture was taken at the ceremony for the Golden Raspberry Awards.

　　A : How often do they hold the ceremony?

（3）A：Who is the person in the picture?

　　B：She is Halle Berry.　She received the worst actress award and attended the ceremony.

　　A：What made her attend the ceremony?

（4）A：What did Mabuchi Kiyoshi do?

　　B：He studied the slipperiness of banana peels and won "The Ig Nobel Prize."

　　A：What does he usually do?

ポイント

　教科書本文の英文を基に，やり取りに必要な知識を身に付けているかどうかを確認する問題である。この問題も，選択肢は全て教科書に記載されている内容であるため，生徒は覚えている内容を選ぶのではなく，会話の内容をきちんと聞き取った上でやり取りが成立する英文を選ばなければならない。

評価の基準（正答数により，以下の基準で評価する。）

（4問中）・4問正解の場合……………………………………… a

　　　　・2問，3問正解の場合……………………………… b

　　　　・1問正解または4問とも不正解の場合…… c

❷「思考・判断・表現」，「主体的に学習に取り組む態度」の評価

　「話すこと［やり取り］」の領域における「思考・判断・表現」を評価するには，コミュニケーションを行う目的や場面，状況などに応じて，授業で学んだ語彙や表現を活用しながらやり取りを行っているかどうかで判断する。具体的には，問いの内容を理解し，適切に答えることができているかどうかを評価する。「思考・判断・表現」の評価を行う際には，主に，使用する英文の正確さではなく，やり取りが成立しているかどうかで判断する。

　また，「主体的に学習に取り組む態度」については，「思考・判断・表現」と一体的に評価する。聞き手に配慮し，授業で学んだ語彙や表現を活用しながらコミュニケーションを行おうとしているかを評価する。高校生の中には，即興でやり取りを行うことに対して困難を感じている生徒が多い。まずは，相手の質問を聞こうとする態度や，単語一語であっても相手に事実や自分の考えを伝えようとする態度を積極的に評価することで，英語を話そうとする意欲や態度を育成することができる。

　「話すこと［やり取り］」の領域における「思考・判断・表現」を評価する場面については，単元の最後にパフォーマンステストとしてインタビューテストを実施する。

【評価規準】（生徒の状況に合わせながら，評価規準を設定する。）

「思考・判断・表現」インタビューの場面において，質問の内容を理解し，授業で学んだ語彙や表現を活用しながらやり取りを行っている。

「主体的に学習に取り組む態度」 相手の話を注意深く聞きながら適切に応答することで，やり取りを続けようとしている。

（1）パフォーマンステストでの評価

パフォーマンステスト

　教科書本文を基に，生徒は教科書の登場人物と質問者（interviewer）になりきり，やり取りを行う。質問者役の生徒は教科書に記載されている内容について2問，記載されていない内容について1問，質問を準備するように指示しておく。質問は事前に登場人物役の生徒には見せず，即興でやり取りを行うようにする。ペアで役割を交代してやり取りを行う。評価については，登場人物役を行っている状況を観察して実施する。

やり取り（例）

Interviewer：	Today I would like to interview Mabuchi Kiyoshi. Thank you for coming today.
Mabuchi Kiyoshi：	Thank you for having me.

Interviewer：	You were awarded the Ig Nobel Prize. <u>Could you tell me about the prize?</u>（教科書本文に関する質問①）
Mr. Mabuchi：	The Ig Nobel Prize is a parody of the Nobel Prize. "Ig" means low.
Interviewer：	I see. <u>Could you tell me about your research?</u>（教科書本文に関する質問②）
Mr. Mabuchi：	Okay. I stepped on banana peels many times, and proved that they were more slippery than a normal floor.
Interviewer：	It's an interesting research. <u>Do you have any message to high school students in Japan?</u>（教科書に記載されていない質問）
Mr. Mabuchi：	Yes. I want all the high school students to believe yourself and do what they love to do.

Interviewer：	Thank you very much.

ポイント

　教科書本文に関する質問には，生徒は音読やリテリング（再話）の活動を適切に行っていれば答えることが可能となる。ただし，教科書に記載されていない質問については，質問内容を理解し，即興で臨機応変に回答することが求められる。このように，臨機応変に対応しなければならない場面を設定し，そこで適切に対応しているかを評価することが大切である。（観察）

評価の基準（以下の基準で評価する。）

（観察による）・適切にやり取りを進めている……………………………………… a

　　　　　　　・おおむねやり取りを進めている…………………………………… b

　　　　　　　・やり取りができていない…………………………………………… c

9 「話すこと［発表］」の評価例

教科書本文（例）　【NEW ONE WORLD Communication Ⅰ（教育出版）2018年】

Cats are so mysterious, aren't they? Do you know much about them?

How do cats say hello?

Cats will often greet their owners (or other friendly cats) by rubbing their heads, lips, chins, or tails against them. Why do they do that? By rubbing their bodies against people and things, cats leave their own smells on them. By leaving their own smells on people and things, cats are claiming their territory to other cats. Cats are happy when their favorite people and things have a familiar smell.

Can cats really see in the dark?

Cats can't see in total darkness. No animals can. But since cats usually hunt at night, their eyes can take in far more light than yours can. This means that cats can see far better than you can after dark? — in fact, about six times better.

Cat eyes are very sensitive to light. There is a layer of tiny crystals inside them. This layer reflects light very well. Because of this, cat eyes glow in car headlights at night.

Why do cats purr?

Most people think cats purr because they are happy. They certainly do purr for this reason. Cats purr when they are eating food or resting on our laps. But purring doesn't always express happiness. Cats also purr when they are sick or injured. Cats purr when they are feeling something really deeply.

Cats make other sounds, too. They use up to 16 sounds meaning different things. For instance, a little trill means that cats are pleased to see you, and hissing means that they are feeling threatened.

Now, do you understand cats a little better?

【新出語彙】

mysterious / greet / owner(s) / rub(bing) / lip(s) / chin(s) / tail(s) / claim(ing) / territory / familiar / total / darkness / hunt / sensitive / layer / tiny / crystal(s) / reflect(s) / glow / headlight(s) / certainly / lap(s) / express / happiness / deeply / instance / trill / hiss(ing) / threaten(ed)

【新出語句・表現】

leave 〜 on … / in the dark / take in 〜 / far 〜 / after dark / in fact / 〜 times / because of 〜 / not always / up to 〜 / for instance

【文法事項・構文等】

- 動名詞
- S＋V＋O（＝that 節）
- 分詞の形容詞としての用法

❶「知識・技能」の評価

　「話すこと［発表］」の領域における「知識・技能」を評価するには，日常的な話題や社会的な話題について，話して伝えるために必要となる言語材料を理解しているかや，それらの言語材料を用いて話して伝える技能を身に付けているかどうかで判断する。

　「話すこと［発表］」の評価については，授業内では，ペアやグループ，クラス全体でのスピーチ発表，インタビューテスト等を実施し，生徒の様子を観察する。また，ペーパーテストでは，言語材料の理解を判断する問題を出題する。

【評価規準】（生徒の状況に合わせながら，評価規準を設定する。）

「知識」情報や考え，気持ちなどを理由とともに話して伝えるために必要となる語句や文を理解している。

「技能」動物の生態等について，基本的な語句や文を使って，情報や考え，気持ちなどを基本的な語彙や表現を使って話して伝える技能を身に付けている。

（1）授業内での評価

インタビューテスト

　教科書本文の内容について，教師が質問し，生徒が英語で答える。生徒は基本的に本文を見ずに解答するが，生徒の状況によっては，教科書を見ながら解答する形にしてもよい。

（1）教師：How will cats greet their owners?

　　　生徒：（解答例）They rub their heads, lips, and chins, or tails against them.

（2）教師：Why do they leave their own smells on people and things?

　　　生徒：（解答例）To claim their territory to other cats.

（3）教師：Why can cats hunt at night?

　　　生徒：（解答例）Because their eyes can take in far more light than ours can.

（4）教師：When do cats purr?

　　　生徒：（解答例）They purr when they are happy and when they are sick or injured.

ポイント

　このテストでは，言語材料を適切に活用できるかを問うことが目的であるため，生徒が内容を思い出すのが困難な場合は，教師がジェスチャーや内容語をヒントとして与えるなどの支援

を行う。また，尋ねる質問のスピードを調整したり，2回同じ質問をしたりするなど，生徒の状況に合わせる工夫をする。（観察）

（以下の基準で評価する。）

（観察による）・適切にやり取りが成り立っている……………………………………… a

・おおむねやり取りが成り立っている………………………………… b

・やり取りが成り立っていない……………………………………… c

スピーチ

生徒は以下の構成でスピーチの原稿を作成し，発表する。

①これまで飼ったことのあるペットの種類（なければ今後飼いたいペットの種類）
②ペットの名前
③ペットの特徴（ペットの大きさ，行動等）
④ペットを飼うことの効果

ポイント

生徒はスピーチの原稿を作成した後，ペアで発表し合い，発表後，それぞれの原稿について協力しながら推敲する。その後，4人のグループを作成し，各生徒が発表する。発表後，発表の内容や発表の態度等について話し合う。最後に各生徒がクラス全体に向けて発表を行う。このように，段階的に活動を行うことで，生徒は自信を持ってスピーチに臨むことができるとともに，聞き手からコメントが与えられることで，聞き手を意識してスピーチを行う態度を養うことができる。通常，動物を受ける代名詞は it であるが，ペットとして，家族の一員に含める場合などには，she や he で受けることを事前に伝えておくとよい。（観察）

評価の基準（以下の基準で評価する。）

（観察による）・語彙・表現が適切に使用されており，聞き手に分かりやすい音声等で話している……………………………………………………… a

・語彙・表現の使用や発音・アクセント等について多少の誤りはあるが，理解することができる………………………………………… b

・語彙・表現の使用や発音・アクセント等について誤りが多いため，理解することができない……………………………………… c

（2）ペーパーテストでの評価

文の並べ替え

あなたは次のテーマでスピーチをすることになりました。①から④の文を並べ替えて，スピーチ原稿を完成させなさい。

（1）テーマ：ペットの意義

　① For those reasons, I think it is good for children to have pets.

　② I think having pets is important for children.

　③ They can also learn the importance of life.

　④ They can learn how to be kind to animals.

　（　　　）⇒（　　　　）⇒（　　　　）⇒（　　　　）

（2）テーマ：宝物

　① I always feel relaxed when I listen to them.

　② I would like to talk about my treasure.

　③ It is an album made by the Beatles.

　④ One of my best friends gave it to me when I was a junior high school student.

　（　　　）⇒（　　　　）⇒（　　　　）⇒（　　　　）

ポイント

　論理性に注意して話すために必要な知識が身に付いているかどうかを測る問題である。生徒はディスコースマーカーや代名詞の意味や使用方法を理解した上で解答しなければならない。

評価の基準（正答数により，以下の基準で評価する。）

（2問中）・2問正解の場合……………………………… a

　　　　・1問正解の場合……………………………… b

　　　　・2問とも不正解の場合……………………… c

❷ 「思考・判断・表現」，「主体的に学習に取り組む態度」の評価

　「話すこと［発表］」の領域における「思考・判断・表現」を評価するには，生徒が日常的な話題や社会的な話題について，情報や考え，気持ちなどを話して伝える場面を設定し，論理性に注意しながら，理由とともに話しているかどうかで判断する。

　生徒が「話すこと［発表］」に関する活動を行う際には，必要に応じて，教師が有用な語句や文を提示するなどの配慮を行うことや，生徒が発表する内容について，事前にペアやグループで話し合ったり，発表のアウトラインや発表用のメモを書いたりするなどの時間を十分に活用するなどの配慮を行うことが大切である。また，発表の際に，写真や映像，実物などの視覚的な補助を活用したり，発表の形態をペアでの発表から小グループ，クラス全体での発表とするなど，発表の負担を軽減することも効果的である。

　また，「主体的に学習に取り組む態度」については，「思考・判断・表現」と一体的に評価し，日常的な話題や社会的な話題について，情報や考え，気持ちなどを話して伝える場面において，

聞き手を意識して話そうとしているかどうかを評価する。

【評価規準】（生徒の状況に合わせながら，評価規準を設定する。）

「思考・判断・表現」動物の生態等について，情報や自分の考えや気持ちなどを理由や根拠と
　　　　　　　　　　ともに話して伝えている。

「主体的に学習に取り組む態度」動物の生態等について，情報や自分の考えや気持ちなどを理
　　　　　　　　　　　　　　　由や根拠とともに話そうとしている。

（1）授業内での評価

グループで発表（調べ学習＋発表）

　生徒はまず4人の班（原稿作成班）を作り，猫以外の動物の特徴について調べ，教科書本文
の表現を参考にしながら，以下の指示内容でスピーチ原稿を作成する。

（指示内容）

　猫以外の動物について行動等の特徴を3つ挙げ，なぜそのような行動をするのか等を説明
するスピーチを行います。まずはグループで説明する動物を決め，インターネット等で調べ
たのち，スピーチ原稿を協力して作成します。原稿作成後，別の班に分かれてスピーチを行
います。班のメンバー全員がスピーチを行うことができるように，しっかりと準備をしまし
ょう。

ポイント

　スピーチの練習を原稿作成班で行った後，生徒が別れ，別のグループ（発表班）を作る。以
下に20人の生徒のグループ作成を例として挙げる。

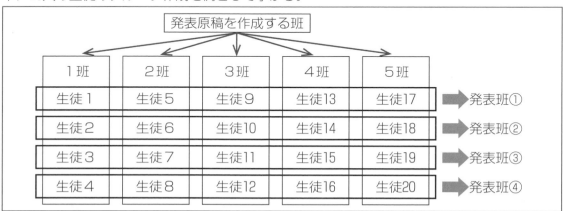

　発表班については，40人クラスであれば8班できることになる。生徒は各発表班において，
元の班で作成した原稿を基にスピーチを行う。発表を行っている間，発表班の他の生徒は発表
を聞きながら，評価表を用いて発表者の評価を行うとともに，コメントを書く。全ての生徒の
発表が終わった後，各生徒の評価とコメントの欄を切り取り，発表者に渡す。

評価表（例）

Name	声の大きさ	目線	内容	Comments

生徒は１人１台端末やボイスレコーダー等を活用し，発表の様子を録音もしくは録画し，提出する。教師は提出された録画や録音を基に評価を行う。（観察）

評価の基準（以下のルーブリックを基に評価する。）

	思考・判断・表現	主体的に学習に取り組む態度
a	動物の３つの行動等の情報について，詳しく述べて伝えている。	重要な部分をゆっくり話すなど，聞き手を意識しながら詳しく伝えようとしている。
b	動物の３つの行動等の情報を伝えている。	動物の３つの行動を伝えようとしている。
c	「b」を満たしていない。	「b」を満たしていない。

インタビューテスト

生徒に以下のカードを見せ，１分間考えさせた後，１分程度で意見を言わせる。

（生徒に提示するカード）

以下の内容について，あなたの考えを英語で答えなさい。考える時間は１分間です。

Some people say that having pets is good for children. Do you agree with this idea?

Why or why not?

ポイント

日常的な話題について，自分の考えを理由とともに話すことができるかどうかを測るテストである。このようなテストを行うためには，日頃の授業で，教科書の題材に関連するテーマについて，ペアやグループで意見を言い合うような活動を行っておく必要がある。また，生徒は事前に準備をせず，即興で考えて話さなければならないため，評価する際は，正確さに重点を置くのではなく，適切な理由を述べているかどうかを評価することが大切である。（観察）

評価の基準（以下のルーブリックを基に評価する。）

	思考・判断・表現	主体的に学習に取り組む態度
a	意見とその理由を論理的に話して伝えている。	重要な部分をゆっくり話すなど，聞き手を意識しながら詳しく伝えようとしている。
b	意見と理由を話して伝えている。	意見と理由を伝えようとしている。
c	「b」を満たしていない。	「b」を満たしていない。

10 「書くこと」の評価例

教科書本文（例）　　　【NEW ONE WORLD Communication Ⅱ（教育出版）2018年】

Cherry blossoms have been loved by Japanese people since the ancient times. They often appear in old *tanka* or *haiku* poems.

In spring, a lot of people go out to admire cherry blossoms. The origin of this custom goes back to the Heian era. Japanese people have been enjoying cherry blossoms for very long time.

There are about 600 kinds of cherry trees in Japan. In January, *hikanzakura* bloom in Okinawa. In June, *chishimazakura* bloom in Hokkaido. So you can see cherry trees in bloom for almost half the year in Japan. But they only bloom for a short time, about a week.

Now we can see cherry blossoms in other countries, too. For example, in Washington, D.C. in the U.S., about 3,800 cherry trees bloom along the Potomac River in April. Those trees were presented to the U.S. in 1909 by Ozaki Yukio, the mayor of Tokyo City. They were a token of friendship between Japan and the U.S.

In Berlin, over 9,000 cherry trees have been planted since 1990 in the area where the Berlin Wall used to be. These trees are also presents from Japan to Germany as a symbol of friendship and world peace.

According to a recent survey, the time might come when cherry trees won't bloom in Japan. For cherry trees to bloom in spring, the buds must be formed the summer before. Then in fall those buds go into dormancy and later are exposed to the cold of winter. To go from dormancy to blooming, they need to go through low temperatures. Therefore, if global warming continues, the buds will stay dormant and not bloom. This is why cherry trees don't bloom in countries with a year-round summer. Can you imagine spring without cherry blossoms?

【新出語彙】

poem(s) / admire / bloom / Washington, D.C. / Potomac / mayor / token / friendship / Berlin / according / recent / survey / bud(s) / form(ed) / dormancy / expose(d) / therefore / dormant

【新出語句・表現】

in bloom / according to 〜 / from 〜 to … / go through 〜 / stay 〜

【文法事項・構文等】

● 現在完了形（受け身，進行形）

● 関係副詞（where, when, why, how）

❶「知識・技能」の評価

　「書くこと」の領域における「知識・技能」を評価するには，語彙や文法など，英語の特徴や決まりに関する事項を理解しているか（知識）や，基本的な語句や文を用いてコミュニケーションを行う目的や場面，状況に応じて，日常的な話題や社会的な話題などについて，情報や考え，気持ちなどを論理性に注意して書いて伝える技能を身に付けているか（技能）どうかで判断する。高校生の中には，英語を書くことを苦手としている生徒が多いため，文章を書く際にはモデルとなる英文の提示や使用できる語句を提示するなどの支援を行う必要がある。また，書く前に口頭で言えるようになるまで練習することで，自信を持って書けるようにすることも大切である。また，初めから多くの量を書かせようとしないことにも留意する必要がある。3文程度でも，各文のつながりを意識させることで，まとまりのある段落を書くことや複数の段落で文章を書くことにつながることを踏まえた上で指導を行う必要がある。

　「書くこと」の評価を行う場面としては，授業内では，空所補充や語（句）の並べ替え，部分英作文の問題等を出題する。

> 【評価規準】（生徒の状況に合わせながら，評価規準を設定する。）

「知識」現在完了形や関係副詞の特徴や決まりを理解している。

「技能」日常的な話題について，現在完了形や関係副詞等を用いた基本的な文を使って，情報や自分の考え，気持ちなどを書いて伝える技能を身に付けている。

（1）授業内での評価

空所補充

　空所に入るのに最も適切なものを1つ選びなさい。

（1）A : How is your sister?

　　B : I don't know. I (　　　　) her.

　　① am not seeing　　　　　　　② don't see

　　③ have not seen　　　　　　　④ will not see

（2）A : It (　　　　) all day.

　　B : According to the weather forecast, it will stop raining in 2 hours.

　　① has been raining　　　　　② is raining

　　③ rains　　　　　　　　　　　④ was raining

（3）A : We need to bring food to the party next week.

　　B : I want to know how much food we need to bring. How many people (　　　　) to the party?

① are inviting　　　　　　　② have been invited

　　　③ invited　　　　　　　　　④ invites

（4）A：Did Isabella come to the party yesterday?

　　　B：I don't think so. I (　　　　) her there.

　　　① didn't see　　　　　　　② don't see

　　　③ haven't seen　　　　　　④ won't see

（5）A：Can you come here to help me?

　　　B：Sorry I can't. I (　　　　) my homework now.

　　　① am doing　　　　　　　　② do

　　　③ have been doing　　　　　④ have done

ポイント

　問題文は，教科書本文からそのまま出題するのではなく，ターゲットの文法（ここでは現在完了形）を含む英文を作成して出題する。また，その文法が使用される場面を設定しておくことも重要である。また，文脈を理解しないと解けない問題にすることで，形式だけでなく，文法の使用場面等についても理解しているかを確認することができる。（小テスト）

評価の基準（正答数により，以下の基準で評価する。）

　（5問中）・4，5問正解の場合…………………………… a

　　　　　・3問正解の場合………………………………… b

　　　　　・1，2問正解または5問とも不正解の場合…… c

語（句）の並べ替え

　次の会話において，それぞれ下の語（句）を並べ替えて空所を補い，最も適当な文を完成させなさい。

（1）A：Do you remember (　　　　) for the first time?

　　　B：Yes, at the library at school.

　　　[met / the place / we / where]

（2）A：Have you ever heard of "Pie Day?"

　　　B：No, I haven't.

　　　A：It's March 14th. It is (　　　　) to celebrate math.

　　　[eat pie / some people / the day / when]

（3）A：Do you know (　　　　) to the party?

　　　B：I heard that he was sick in bed yesterday.

　　　[come / didn't / the reason / Tom / why]

（4）A：I will show you (　　　　).

B : Thank you. Finally, I can watch DVDs.

［can / this DVD player / how / use / you］

ポイント

　関係副詞の特徴や決まりに関する事項の理解を確認するため，空所補充の問題同様，教科書本文とは異なる表現で問題を作成する。これにより，生徒が暗記に頼らず，状況や文脈を理解した上で，関係副詞を用いて文章を作成しなければならない場面を設定することができる。（小テスト）

評価の基準（正答数により，以下の基準で評価する。）

（4問中）・4問正解の場合……………………………… a

　　　　　・2，3問正解の場合………………………… b

　　　　　・1問正解または4問とも不正解の場合…… c

（2）ペーパーテストでの評価

部分英作文

　次の会話文を読んで，空所(1)から(5)に必要な英語を書き，会話が成り立つようにしなさい。その際，（　　）内の語を適切な形で用いること。

A : How long (1)　　(be)　　 in Japan?　　B : For 10 years.

A : Where (2)　　(live)　　 now?　　B : In Tokyo.

A : How long (3)　　(live)　　 there?　　B : For 3 years.

A : Where (4)　　(live)　　 before that?　　B : In Osaka. I (5)　　(live)　　 there for 7 years.

ポイント

　会話が成り立つように英文を補充する問題である。生徒は会話の流れを理解し，適切な英文を考えて書くようになっていることから，与えられた場面や状況の中で，文法の形式を適切に判断して書くことができるかどうかを評価することができる。

評価の基準（正答数により，以下の基準で評価する。）

（5問中）・4，5問正解の場合………………………… a

　　　　　・2，3問正解の場合………………………… b

　　　　　・1問正解または5問とも不正解の場合…… c

❷ 「思考・判断・表現」，「主体的に学習に取り組む態度」の評価

　「書くこと」の領域における「思考・判断・表現」を評価するには，教科書本文のテーマに関連する内容について，まとまりのある文章を書かせ，情報や考え，気持ちなどを論理性に注意して書いているかどうかで判断する。「思考・判断・表現」を評価する場合においては，英

標準

語使用の適切さで評価するのではなく，表現内容の適切さで評価することに留意する必要がある。例えば，「友人からのメールの質問に応答する」や，「電話で聞いた内容をメモして家族に伝える」など，書くことによるコミュニケーションの目的を達成しているかどうかを評価する。

　多くの高校生は「書くこと」に対し，困難さを感じている。そのため，文法の間違いに応じて減点をするのではなく，内容が適切であれば積極的に評価していく必要がある。また，「主体的に学習に取り組む態度」も一体的に評価することにより，読み手を意識して書こうとしていることを評価することができる。

【評価規準】（生徒の状況に合わせながら，評価規準を設定する。）

「思考・判断・表現」日本の文化・風習等について，情報や自分の考えや気持ちなどを理由や根拠とともに書いている。

「主体的に学習に取り組む態度」日本の文化・風習等について，情報や自分の考えや気持ちなどを理由や根拠とともに書こうとしている。

（1）授業内での評価

レポート

　日本の文化・風習を以下から1つ選び，海外の高校生に説明する文章を5文程度の英文で書きなさい。

　日本の文化・風習：お年玉（*Otoshidama*），七五三（*Shichi-go-san*），節分（*Setsubun*）

ポイント

　生徒は日本の文化や風習について，具体的に何をするのか，なぜそのようなことを行うのかについて，具体的な内容を書くことが求められる。また，授業内では，適切な内容にするために，ペアやグループで話し合ったり，推敲を重ねたりしている様子を評価する。（観察）

評価の基準（以下のルーブリックを基に評価する。）

	思考・判断・表現	主体的に学習に取り組む態度
a	日本文化・風習について，論理的にまとまりのある英文を書いている。	ペアやグループで積極的に話し合ったり，粘り強く推敲を重ねたりしている。
b	日本文化・風習について，具体的な内容を書いている。	ペアやグループで話し合ったり，推敲を重ねたりしている。
c	「b」を満たしていない。	「b」を満たしていない。

（2）ペーパーテストでの評価

自由英作文

あなたは，来月，あなたの学校に来る留学生からメールを受け取りました。あなたは，メールに返信しようとしています。空所にメールの質問に対する回答を3文程度で書きなさい。

（留学生からのメール）

Monday, March 7, 2022 7 : 30 PM

David Moore

Question

Dear ○○（あなたの名前）

　Hello. How are you doing?

　I am David and I am going to come to Japan next month. I will be an exchange student in your class. I am very excited to see you soon!

　I have one question. I heard that in spring, cherry blossoms are beautiful in Japan. Is there a nice place to see cherry blossoms in the city where your school is located?

Sincerely,

David Moore

（あなたからの返信）

Monday, March 7, 2022 8 : 30 PM

○○（あなたの名前）

RE : Question

Dear David

　Hello. Thank you for your email.

　I will answer your question.

Sincerely,

○○（あなたの名前）

ポイント

　質問に対し，適切に答えているかを評価する。「思考・判断・表現」と「主体的に学習に取り組む態度」を以下のように一体的に評価する。

評価の基準（以下のルーブリックを基に評価する。）

	思考・判断・表現	主体的に学習に取り組む態度
a	具体例を効果的に挙げながら書いている。	具体例を効果的に挙げながら書こうとしている。
b	具体例を挙げながら書いている。	具体例を挙げながら書こうとしている。
c	「b」を満たしていない。	「b」を満たしていない。

11 「聞くこと」の評価例

教科書本文（例）　　　【ELEMENT English Communication Ⅰ（啓林館）2012年】

Shoppers filled a big London department store one day in 1969. John and Ace shared a house in London. They were shopping then for Christmas presents to send to their families in Australia.

While they were shopping, they found a small cage with a baby lion in it for sale! "I've never seen a lion at a department store!" Ace cried out in surprise.

The baby lion was cute but looked really sad. They felt sorry for the lion in such a small cage. Finally John said, "Let's buy him."

The male lion was named Christian. In just a few days, Christian came to like his new life with John and Ace. The two men and Christian got along really well. If one of the men was talking to the other, Christian would touch him gently to show that he wanted to play with them.

Christian also loved to go out. John and Ace bought a special collar for him. When they walked with him, he pulled on his lead like an excited little dog. They also ran and played with a ball together in a field for hours. "I can't imagine life without him," John said with a smile.

At first, people were surprised to see a lion in the city of London. However, they soon found that Christian was a lovely little friend. Lots of people, including newspaper photographers and television reporters, came to see him.

However, Christian was growing up very fast. John and Ace felt that their happy life wouldn't last long.

One day, Christian found a belt in the house and picked it up in his teeth. Ace tried to take the belt from him, but for the first time he angrily showed his sharp teeth. Ace was shocked, and that reminded him that Christian was a wild animal.

A few days later, the two men met George, an expert on lions from Africa. George said that Christian should join other lions in the wild. John and Ace knew that a life in the wild was best for Christian, so they finally agreed with George's idea.

The three men went to Kenya to set Christian free. They also needed to train Christian to live in the wild. Christian, then, met his new lion friends and learned their ways of living.

Their last day arrived quickly. John and Ace spent one last fun day with Christian. The next morning they left early without saying goodbye.

One year later John and Ace came back to Africa. George said to them, "He's been fine with the other lions. He loves his new life and behaves like a wild animal." The two men were also told that it would be too dangerous to get near Christian now.

　　When they came to a field, a lion appeared. It was Christian! Suddenly he started to run toward them. In such a situation, anyone would shout, "Watch out!" in fright. Christian, however, placed his big paws on Ace's chest and started licking his face! He did the same to John.

　　"I can't believe it. He remembers us!" said Ace.

　　"I knew he wouldn't forget us. I just knew it," said John.

　　Later, Christian even took his old friends to see his new family. The men realized that true friendship and love have no limits.

【新出語彙】

shopper / Christmas / cage / sale / collar / pull / lovely / including / last / teeth / angrily / sharp / shocked / remind / expert / Kenya / chest / friendship / limit

【新出語句・表現】

for sale / in surprise / get along（well）/ grow up / pick 〜 up / watch out / in fright

【文法事項・構文等】

- 現在完了形　　　●受動態　　　●分詞の限定用法

❶「知識・技能」の評価

　「聞くこと」の領域における「知識・技能」を評価するには，文章を聞き取るために必要となる語彙や表現，文法の意味や働きを理解しているかどうかや，話題に関する文書を聞き取る技能を身に付けているかどうかで判断する。具体的には，当該単元で学習した語彙や文法が含まれた会話や説明を聞いて，内容を捉えることができているかどうかで判断する。

　「知識・技能」の評価の場面においては，語彙や文法の知識が定着しているかどうかを測るだけではなく，実際のコミュニケーションにおいて，目的や場面，状況などに応じて，会話や説明等を聞いて内容を捉える技能を身に付けている状況かどうかも評価する。

　本単元において，「聞くこと」における「知識・技能」が身に付いたかどうかを測るために，授業内では，ディクトグロスの活動を行うこととし，定期考査では，リスニングテストにおいて，新出語彙やターゲットの文法が含まれた英文の内容理解を問う問題を出題する。

　【評価規準】（生徒の状況に合わせながら，評価規準を設定する。）

「知識」文章を聞き取るために必要となる英語の音声上の特徴や語彙や表現，現在完了形等の
　　　　意味や働きを理解している。

「技能」動物等についての文章を聞き取る技能を身に付けている。

（1）授業内での評価

ディクトグロス

　教師はターゲットの文法が含まれたまとまりのある英文を３回読み上げ，生徒は聞きながらメモを取り，そのメモを基に英文を再生して書く。

> （教師が読み上げる英文）
>
> （１）I've had a headache for a while. I don't think I can go to tonight's party.
>
> （２）I saw a TV show about a cat. The cat was bought by a girl, and it was named Cookie.
>
> （３）I got a letter written in Japanese. I don't know any Japanese so can you tell me what is written?

ポイント

　英文については，生徒はまず，どのような話をしているか（概要）について理解し，内容等をメモに取った後に，理解した内容とメモを基に英文を復元していく。採点については，一言一句正確でなくても，適切な文法で内容を伝えることができていれば正解と見なす。また，この活動の後，ペアやグループで話し合わせることで，文法の意味や形式，使用について理解を深める機会になる。

評価の基準（正答数により，以下の基準で評価する。）

　（３問中）・３問正解の場合……………………………………… a

　　　　　・２問正解の場合……………………………………… b

　　　　　・１問正解または３問とも不正解の場合…… c

（2）ペーパーテストでの評価

リスニングテスト

　会話を聞き，答えとして最も適切なものを選びなさい。

（１）What were in the pictures Kumi saw? Ace and John were ☐ 1 ☐ .

　① interviewed about Christian　　　　② looking at Christian in the cage

　③ playing with Christian outside　　　④ running toward Christian in Africa

（２）What would Kumi do if she had a lion? She would ☐ 2 ☐ .

　① give the lion to the zoo　　　　　② keep living with the lion

　③ move to Africa with the lion　　　④ send the lion to the wild

（３）What would Bill do if he had a lion? He would ☐ 3 ☐ .

　① give the lion to the zoo　　　　　② keep living with the lion

③ move to Africa with the lion　　　④ send the lion to the wild

（スクリプト）

Kumi : I was very moved when I read the story about Christian.

　Bill : I was very surprised that people were able to buy wild animals then.

Kumi : Me, too.　I saw some pictures of Ace, John, and Christian going out and playing in the yard.　They looked very happy.

　Bill : I think it was difficult to decide what to do with Christian.

Kumi : If you lived with a lion and it became too big, what would you do?

　Bill : Even though Ace and John sent Christian to Africa, I would send it to the zoo.　I think it would be safe for the lion to stay in a zoo and I could often come and see it.

Kumi : I see your point but maybe I would do the same as Ace and John.

発展

ポイント

　教科書本文をそのまま使うのではなく，本文の内容に関する会話を聞いて，その内容を理解しているかを問う問題である。これにより，生徒は教科書本文の暗記に頼ることなく，英文を確実に聞いた上で問題を解かなければならない。

　また，スクリプトを作成する際には，ターゲットの文法（この単元では「現在完了形」，「受動態」，「分詞の限定用法」）を使用することで，生徒がそれらの知識を活用して内容を理解できる技能を身に付けているかどうかを評価することが可能となる。

評価の基準（正答数により，以下の基準で評価する。）

（３問中）・３問正解の場合……………………………………… a

　　　　　・２問正解の場合……………………………………… b

　　　　　・１問正解または３問とも不正解の場合…… c

❷ 「思考・判断・表現」，「主体的に学習に取り組む態度」の評価

　「聞くこと」の領域における「思考・判断・表現」を評価するには，学習したことを実際のコミュニケーションの場面において活用する力が身に付いているかどうかで判断する。例えば，生徒が会話やメッセージ，放送等を聞き，必要な情報や概要，要点を聞き取っているかを評価することが考えられる。

　また，「主体的に学習に取り組む態度」については，「思考・判断・表現」と一体的に行い，授業での活動や「聞くこと」におけるさまざまな活動やテストの中で，自律的に話し手に配慮しながらコミュニケーションを図ろうとしている（聞こうとしている）かや，活動やテスト後，生徒が振り返る機会を設定し，活動やテストへの取組に関して見通しを立てたり，振り返ったりして自分自身の学習を自覚的に捉えているかどうかで評価する。

【評価規準】（生徒の状況に合わせながら，評価規準を設定する。）

「思考・判断・表現」モノローグやダイアローグを聞いて，概要や要点，詳細を整理して捉え

ている。

「主体的に学習に取り組む態度」モノローグやダイアローグを聞いて，概要や要点，詳細を整理して捉えようとしている。

（1）授業内での評価

メモ，要約作成

電話でメッセージを受けるという場面を設定し，生徒はメッセージを聞きながらメモを取り，メモを基に他人にメッセージの内容を伝えるための要約を作成する。内容を聞き取れているかどうかについては，要約の内容を基に判断する。

（スクリプト）

Thank you for taking a message for Kumi. She told me that she wanted to buy a dog and we are going to go to a pet shop tomorrow. I just called to ask her if she wants to go to an animal shelter first. A lot of dogs were thrown away by their owners and they are kept in the shelter now. If the dogs cannot find a new owner, they will be killed. If she wants to go, we should leave earlier. We planned to meet at the station at 3 o'clock but I would like to meet at 2 o'clock. Please ask her to call me back. Thank you.

ポイント

メッセージの内容を伝えるために必要な情報を聞き取っているかを問う問題である。「主体的に学習に取り組む態度」については，メモの内容を基に評価する。（観察）

評価の基準（以下のルーブリックを基に評価する。）

	思考・判断・表現	主体的に学習に取り組む態度
a	メッセージの内容を捉えている。	要点や詳細を整理して捉えようとしている。
b	メッセージの内容をおおむね捉えている。	要点や詳細を捉えようとしている。
c	「b」を満たしていない。	「b」を満たしていない。

（2）ペーパーテストでの評価

リスニングテスト

（1）Listen and choose the table the speaker is talking about.

①

Channel	2
17:00-18:00	World News
18:00-19:00	Animal Show
19:00-21:00	Classical Music

②

Channel	2
17:00-18:00	World News
18:00-19:00	Baseball
19:00-21:00	Animal Show

③

Channel	2
17:00-18:00	Classical Music
18:00-19:00	World News
19:00-21:00	Baseball

（2）Listen to the conversation and choose the correct answer for the question.

① They are talking about what pet Kenny has to get.

② They are talking about what Kaori's cats can do.

③ They are talking about what animal they love the best.

（スクリプト）

（1）

　Thank you for listening to the radio news. I am going to tell you about tonight's radio programs. Tonight, from five o'clock in the evening, we have "World News." This week, we have news from France, and you can enjoy it in French. Since the baseball season is over, we are having a new program after "World News." The name of the program is "Animal Show." You can learn a lot about how wild animals in Africa live. I'm sure you will find it fascinating. From seven o'clock in the evening, you can enjoy listening to classical music. I hope you'll have a wonderful evening.

（2）

Kenny : Kaori, do you have any pets?

　Kaori : Oh, yes. We have three lovely cats. But why?

Kenny : Well, we're thinking of getting a pet. I like dogs, but my mom says they're hard to take care of.

　Kaori : Uhm, maybe. I don't like dogs. You have to take them for walks even on rainy days. And they always want to play. It's a lot of trouble.

Kenny : Oh, well. That's one of the good things about having dogs. It must be a lot of fun to play with them. Cats are not interesting. They are always sleeping on a sofa or on a bed!

　Kaori : You don't understand cats at all. They are perfect pets!

Kenny : Hey, take it easy! I can see you love them.

　Question. What are Kenny and Kaori talking about?

ポイント

　（1）は会話の要点，（2）は概要の理解を確認する問題である。「聞くこと」の「思考・判断・表現」を評価する問題としては，会話や放送の他に，講義や電話等を聞く問題等を作成することができる。

評価の基準（正答数により，以下の基準で評価する。）

（2問中）・2問正解の場合……………………………………… a

　　　　　・1問正解の場合……………………………………… b

　　　　　・2問とも不正解の場合……………………… c

発展

12 「読むこと」の評価例

教科書本文（例）　　　　【ELEMENT English Communication Ⅰ（啓林館）2012年】

The twenty-six-year-old mother looked down at her son who was dying of leukemia. Her heart was filled with sadness. Like any parent, she kept thinking about her son's future. She wanted her son to grow up and fulfill all his dreams. Now that was no longer possible, but she still wanted her son's dreams to come true.

She took her son's hand and asked, "Bopsy, did you ever think about what you want to be when you grow up? Did you ever dream about what you want to do with your life?"

"Mommy, I've always wanted to be a firefighter," he replied.

His mother smiled back and said, "Let's see if we can make your dream come true."

Later that day, she went to the local fire department in Phoenix, Arizona. She met Firefighter Bob there.

She explained her son's wish and asked if it was possible to give him a ride on a fire engine.

Bob thought a while about what he could do and said, "Look, we can do better than that. Get your son ready at seven o'clock Wednesday morning. We'll make him an honorary firefighter for the whole day. He can come down to the fire station, eat with us, and go out on all the fire calls. And, if you give us his sizes, we'll get a real fire uniform made for him."

Three days later, Bob picked up Bopsy, dressed him in his fire uniform and escorted him from his hospital bed to the waiting hook-and-ladder truck. Bopsy got to sit on the back of the truck when they went back to the fire station. He was in heaven.

There were three fire calls in Phoenix that day and Bopsy got to go out on all three calls. He rode in the different fire engines, the paramedics' van and even the fire chief's car.

Bopsy's dream came true because of all the love and attention that was given to him. He was deeply touched by what his parents and the firefighters did for him. He lived three months longer than any doctor thought possible.

One night all of his vital signs began to drop dramatically, so the head nurse called the family members to the hospital. She believed that no one should die alone.

She also called the fire chief. She asked if a firefighter in uniform could come to the hospital to be with Bopsy.

The chief replied, "We can do better than that. We'll be there in five minutes. Will you please do us a favor? When you hear the sirens coming and see the lights flashing, will you tell people that there is not a fire? Tell them the fire department is coming to see one of its finest members one more time. And will you open the window in his room? Thanks."

About five minutes later, a hook-and-ladder truck arrived at the hospital. It extended its ladder up to the open window on the third floor, and sixteen firefighters climbed up and into Bopsy's room. With his mother's permission, they hugged him and held him and told him how much they loved him.

> Bopsy looked up at the fire chief and said, "Chief, am I really a firefighter now?"
>
> "Bopsy, you are," the chief said.
>
> Bopsy smiled and closed his eyes for the last time.

【新出語彙】

leukemia / sadness / firefighter / engine / dress / escort / ladder / paramedic / van / chief / vital / siren / flash / extend / permission

【新出語句・表現】

be filled with ～ / no longer / give ～ a ride / get ～ ready / pick up ～ / be in heaven / do ～ a favor

【文法事項・構文等】

- S＋V＋C（分詞）
- S＋V（知覚動詞，使役動詞）＋O＋C（分詞，原形不定詞）
- 関係代名詞（what）

❶ 「知識・技能」の評価

　「読むこと」の領域における「知識・技能」を評価するには，文章を読み取るために必要となる語彙や表現，文法の意味や働きを理解しているか，また，コミュニケーションを行う目的や場面，状況に応じて，英文を読んで，その内容を捉える技能を身に付けているかで判断する。

　読むために必要な英語の特徴や決まりに関する事項では，ターゲットの文法の形式や意味，使用に関する問題を出題する。また，英文を読んで内容を捉える技能に関する事項については，本文の内容に関連する英文を読み，その内容を捉えているかを問う問題を出題する。

【評価規準】（生徒の状況に合わせながら，評価規準を設定する。）

「知識」物語文を読み取るために必要となる英語の特徴や決まりに関する事項を理解している。

「技能」物語文を読んで，その内容を捉える技能を身に付けている。

（1）授業内での評価

ストーリーリテリング（語彙，語句・表現指定）

　生徒が使う語彙や表現を提示し，決められた時間（1分間）でそれらをできる限り使いながら本文内容を語る。提示された語彙や表現を適切に活用できているかを評価する。

（生徒が使用する語彙，語句・表現）

sadness / firefighter / give ～ a ride / engine / dress / ladder / siren / flash / extend

ポイント

　提示する語彙，語句・表現の数や，生徒が話す時間については，生徒の状況等を基に適切に

設定する。評価については，教科書本文そのままではなくても，提示された語彙や語句・表現が適切に活用されているかどうかで判断する。また，「知識・技能」を評価する場面であるため，まとまりのある文章になっているかどうかは評価しない。（観察）

評価の基準（以下の基準で評価する。）

（観察による）・７個以上の語彙等を適切に活用している……………………… a

・４〜６個の語彙等を適切に活用している……………………… b

・適切に活用している語彙等が３個以下である………………… c

（２）ペーパーテストでの評価

未知語の類推

英文を読んで，下線部の単語と最も近い意味を持つ単語を選択肢から選びなさい。

In 1978, 5-year-old Frank "Bopsy" Salazar was diagnosed with leukemia. Doctors advised his mother, Octaviana Trujillo, to check him in to St. Joseph's Hospital and Medical Center in Phoenix. At the time, Trujillo was 26, single, and couldn't (1) **afford** to put Bopsy on her health insurance. She checked him in anyway.

Over the next two years, Bopsy was treated by Dr. Frank Barranco, a physician who the 5-year-old (2) **adored** and who eventually introduced him to the people who would make his last days (3) **count**.

(1) ① find a job　　② have a dream　　③ take the chance　　④ pay the money

(2) ① kept　　② realized　　③ respected　　④ wondered

(3) ① impossible　　② over　　③ real　　④ valuable

ポイント

教科書本文をそのまま出題せず，原典の英文や関連する記事等を活用することで，暗記に頼らず，前後の文脈等から語彙の意味を類推しなければならない状況をつくり出す。

評価の基準（正答数により，以下の基準で評価する。）

（３問中）・３問正解の場合…………………………………… a

・２問正解の場合…………………………………… b

・１問正解または３問とも不正解の場合…… c

文の並べ替え

英文の空所に入る英文を適切に並べ替えなさい。

（１）My dream is to become a doctor.

I hear many villages in Japan do not have a hospital or a doctor. I would like to become a doctor and help people in such villages.

(   ) → (   ) → (   ) → (   )

① I stayed at my grandmother's house in a small village last summer.

② My grandmother had to go to the hospital by bus, and it took her more than an hour.

③ The village had a problem.

④ There was no doctor there.

（2） Hello, everyone. I'm Kaori. What do you want to be in the future? My dream is to become a cook at a hospital. I will tell you about it.

Last summer my grandfather died from leukemia.

When people are sick and stay in a hospital, they are usually unhappy. I would like to make people in the hospital happy by making healthy and delicious food.

Now I cook dinner for my family on Sundays. I will study hard to be a good cook for sick people.

(   ) → (   ) → (   ) → (   )

① He sometimes told me that the food there did not taste good.

② His smile taught me how important food is to people.

③ However, he looked very happy when he was eating.

④ When he was in the hospital, what he enjoyed most were the meals.

発展

ポイント

完全解答とする。

評価の基準（正答数により，以下の基準で評価する。）

（2問中）・2問正解の場合………………………………… a

　　　　　・1問正解の場合………………………………… b

　　　　　・2問とも不正解の場合………………………… c

❷ 「思考・判断・表現」，「主体的に学習に取り組む態度」の評価

　「読むこと」の領域における「思考・判断・表現」を評価するには，コミュニケーションを行う目的や場面，状況などに応じて，日常的な話題や社会的な話題について書かれた文章を読んで，必要な情報を読み取ったり，書き手の意図を把握したりしているかで判断する。定期考査では，原則初見の文章を用いる。ただし，指導内容と全く関係のない英文では，到達度を測るテストでなくなるため，トピックや文章構成等は，教科書と関連したものとする。

　また，「主体的に学習に取り組む態度」の評価については，活動の中で分からない語や表現

があっても，前後関係から意味を推測しようとしているかなどを確認し，その結果を単元や学期末の評価を総括する際に参考にする。

【評価規準】（生徒の状況に合わせながら，評価規準を設定する。）

「思考・判断・表現」物語文の概要や要点，詳細を整理して捉えている。

「主体的に学習に取り組む態度」物語文を読んで，概要や要点，詳細を整理して捉えようとしている。

（1）授業内での評価

ストーリーリテリング

生徒が教科書本文を読み，2分間で概要を他者に伝えることができるよう，重要な場面に関わるキーワードをメモし，そのメモを基にストーリーリテリングを行う。概要や要点を整理して理解しているかを評価する。

ポイント

ストーリーリテリングの内容を聞き，生徒が物語の重要な部分を理解しているかどうかを評価する。ここでは，正確さに重点を置いた評価は行わない。また，「主体的に学習に取り組む態度」については，メモを基に評価する。（観察）

評価の基準（以下のルーブリックを基に評価する。）

	思考・判断・表現	主体的に学習に取り組む態度
a	物語の重要な部分を捉えている。	要点や詳細を整理して捉えようとしている。
b	物語の重要な部分をおおむね捉えている。	要点や詳細を捉えようとしている。
c	「b」を満たしていない。	「b」を満たしていない。

（2）ペーパーテストでの評価

内容理解

In English class you are going make a book report. You have found the story "The Cracked Pot." Read it and complete the report by filling in ☐ 1 ☐ to ☐ 3 ☐.

The Cracked Pot

A water bearer in India had two large pots, each hung on the ends of a pole which he carried across his neck. One of the pots had a crack in it.

Every day, the water bearer worked hard to fetch water from the stream. At the end of the long walk from the stream to the house, the cracked pot arrived only half full. Every day the bearer would deliver only one and a half pots of water to his master's house.

After a long time, the cracked pot spoke to the water bearer by the stream. "I'm ashamed of myself. I have not been able to deliver a full load because of this crack. Because of my flaw, you have had to work very hard. I'm sorry."

The bearer felt sorry for the old cracked pot. He said to the pot, "As we return to the master's house, I want you to notice the flowers along the path."

Indeed, as they went up the hill, the pot noticed the beautiful flowers on the side of the path. The bearer said to the pot, "Did you notice that the flowers are only on your side of the path? That's because I've always known about your flaw. In fact, I took advantage of it. I planted flower seeds on your side of the path and every day while we walk back from the stream, you water them. For many years I have been able to pick these beautiful flowers to decorate the master's house. Without your flaw, my master would not have this beauty grace his house."

Book Report	
The Title	The Cracked Pot
Characters	- a water bearer who 1 .
	- the cracked pot which 2 .
My Opinion	I think the author tries to tell us the importance of 3 .

1

① realizes the pains of other people and is kind enough to try to heel them

② is strong enough to carry two pots every day and does not spill so much water

③ wants to grow flowers on the road and intentionally uses the cracked pot

2

① does not feel good about itself because it cannot fulfill its duty

② feels bad for the other pot because it does not help the bearer grow flowers

③ always fears to be thrown away by the bearer because of its cracks

3

① not giving up despite other people's feelings

② saying sorry when you hurt someone

③ realizing your weakness can be your strength

ポイント

ブックリポートを書く場面を設定し，登場人物の特徴等を含む物語の内容を把握しているかどうかを測る問題である。

評価の基準（正答数により，以下の基準で評価する。）

（3問中）・3問正解の場合…………………………………… a

・2問正解の場合…………………………………… b

・1問正解または3問とも不正解の場合…… c

13 「話すこと［やり取り］」の評価例

教科書本文（例）　　　【ELEMENT English Communication Ⅱ（啓林館）2013年】

　Irena Sendler may be an unfamiliar name to many people, but she was a hero who stood up against the Nazis and saved the lives of about 2,500 Jewish children during World War Ⅱ.

　By 1942 the Germans had put about 500,000 Jews into the Ghetto, an area of about one square kilometer, in Warsaw. Irena was a Polish social worker in the city. Wearing nurse uniforms, she and her colleagues went into the Ghetto with food, clothes and medicine to help the people. It soon became clear, however, that the final destination of many of the Jews in the Ghetto was the death camps. Irena's group decided to save as many children as possible.

　They realized that telling parents to part with their children was a horrible task. In later life Irena remembered the sad faces of Jewish mothers having to be separated from their children. "We saw terrible scenes. Sometimes fathers agreed, but mothers didn't. We had to leave those unfortunate families without taking their children from them. I'd go back there the next day and often found that everyone had been taken to the death camps."

　The fortunate children were taken out in potato sacks or coffins. Others were buried in goods. Separated from their parents and given new names, those children were taken to families and religious groups willing to help and risk their own lives. Older children were taught Christian prayers, so that their Jewish heritage would not be noticed.

　Not wanting to lose their family records, Irena kept lists of the names of all the children she saved. She was hoping that she could one day reunite them with their families.

　On a night in 1943, Irena's house was attacked by the German police. She wanted to throw the lists out of the window but couldn't. The whole house was surrounded by Germans, so she threw them to her colleague and opened the door. There were 11 soldiers, who almost broke the whole house into pieces. The lists of names were saved because her colleague had hidden them in her own underwear.

　The Nazis took Irena to a prison and tortured her. Although she was badly injured, she refused to tell them about the helpers or children she had saved. Finally, she was sentenced to death.

　Just in time, her colleague bribed a guard, and she managed to escape and met her friends. Having retrieved her lists of names, she buried them in jars under an apple tree in a friend's garden.

　The lists provided about 2,500 names, and after the war she tried to reunite the children with their families. Most of the parents, however, had been gassed in the death camps.

　Her life and work were not known for a long time. However, a group of American schoolgirls in Kansas happened to find out about her, and they wrote a play called Life in a

Jar in 2000. It was performed more than 200 times in the US and also in many other countries.

In 2003 she was nominated for the Nobel Peace Prize, which eventually went to Al Gore. In 2005 Irena said, "We are not some kind of heroes. That term irritates me greatly. The opposite is true; I continue to regret that I did so little. I could have done more. This regret will follow me to my death."

【新出語彙】

unfamiliar / hero / ghetto / colleague / destination / horrible / task / scene / fortunate / sack / coffin / bury / religious / risk / heritage / reunite / surround / soldier / underwear / torture / refuse / helper / sentence / bribe / escape / retrieve / jar / schoolgirl / perform / nominate / irritate / opposite / regret

【新出語句・表現】

stand up against ～ / as ～ as possible / be separated from ～ / throw ～ out of ... / break ～ into pieces / be sentenced to death / happen to do

【文法事項・構文等】
- 完了形
- 分詞構文

❶ 「知識・技能」の評価

「話すこと［やり取り］」の領域における「知識・技能」を評価するには，英語でやり取りをするために必要な英語の特徴や決まりに関する事項を理解しているか，コミュニケーションを行う目的や場面，状況などに応じて，日常的な話題や社会的な話題について，情報や考え，気持ちなどを，伝え合う技能を身に付けているかどうかで判断する。

生徒が英語でやり取りを行うことができるようになるためには，日々の授業において，教科書本文に関して意見を伝え合うなどの活動を行う必要がある。その際には，生徒同士でやり取りを始める前に，教師と生徒が実際にやり取りを行っている様子を見せることで，使用する言語材料や発話の分量など，活動で求められていることが何なのかを生徒に示し，共有することが重要である。

「話すこと［やり取り］」の評価については，パフォーマンステストを実施する。具体的には，即興のロールプレイ，インタビューテストを観察し，評価を行う。「知識・技能」の評価であるため，言語材料が適切に活用されているかを評価する。

【評価規準】（生徒の状況に合わせながら，評価規準を設定する。）

「知識」教科書の文法や表現等の意味，形式，使用について理解している。

「技能」教科書の文法や表現等を用いて，情報や考え，気持ちなどを伝え合う技能を身に付けている。

（1）授業内での評価

即興のロールプレイ

生徒は教科書本文の登場人物になりきり，やり取りを行う。

（指示の内容）

In this lesson, we learned that Irena Sendler had told some parents to part with their children. Now you are going to do the role play of this part. In a pair, student A is going to do the role of Irena and student B is going to do the role of a parent. In this role play, the parent (student B) has 2 children. One is 5 years old, and the other is 2 years old. Irena (student A) is going to convince student B to part with his / her child. When student B is convinced, please say "Okay. You can take my children." in the end.

（Conversation）

Irena (*student A*)：May I talk to you in private?

　　　　　　　　　Your children need to be taken out of here.

Parent (*student B*)：My children? Why?

⋮ ⟨ You are going to talk with each other in this part.

Parent (*student B*)：Okay. You can take my children.

ポイント

生徒は登場人物になりきることで，教科書本文の英文を暗記して話すのではなく，相手の質問に対して適切に答えることが必要になる。ペアの相手をランダムに決め，即興で演じさせることで，相手の英語を聞きながらやり取りをする場面を設定することができる。また，この活動では生徒は音読やストーリーリテリングで練習した表現を活用しながらやり取りを行うことになるため，日頃の授業の活動の重要性を理解し，積極的に参加するようになるなどの波及効果も期待できる。（観察）

評価の基準（以下の基準で評価する。）

（観察による）・語彙や表現を適切に活用しながらやり取りを行っている……a

　　　　　　　・語彙や表現を活用しながらやり取りを行っている……………b

　　　　　　　・やり取りが成り立っていない……………………………………c

インタビューテスト

教科書本文内容に関する質疑応答を行う。生徒は教師の質問に対し，教科書を見ずに答える。

質問（例）

（1）Why did Irena and her colleagues decide to save Jewish children?

（2）What did Irena ask parents to do?

（3）How did Irena take children out of the Ghetto?

（4）What did Irena do in order to keep the children's family records?

（5）Who found out about Irena's life and work?

ポイント

　評価に際しては，生徒が使用している語彙や文法の適切さを評価することとし，生徒には教科書本文を暗記する必要はなく，質問の内容を理解し，適切な語彙や文法を用いて答えればよいことを事前に伝えておく。（観察）

評価の基準（以下の基準で評価する。）

（観察による）・4～5つの質問に対して，語彙や文法を適切に活用しながら答えている……………………………………………………………………… a

・2～3つの質問に対して，語彙や文法を適切に活用しながら答えている……………………………………………………………………… b

・1つの質問に対して，語彙や文法を適切に活用しながら答えている。または全ての質問に答えることができない…………………… c

❷「思考・判断・表現」，「主体的に学習に取り組む態度」の評価

　「話すこと［やり取り］」の領域における「思考・判断・表現」を評価するには，コミュニケーションを行う目的や場面，状況などに応じて，授業で学んだ語彙や表現を活用しながらやり取りを行っているかどうかで判断する。特に，言語の使用場面と働き（高等学校学習指導要領「英語コミュニケーションⅠ」の2，（3）の②参照）に関する表現を段階的に指導するとともに，それらの表現をやり取りの中で効果的に活用しながらコミュニケーションを行っているかを確認していくことが必要である。

　また，「主体的に学習に取り組む態度」については，「思考・判断・表現」と一体的に評価する。パフォーマンステストでやり取りを行う場面において，聞き手に配慮しながらコミュニケーションを図ろうとしている態度を見取る。また，やり取りの音声を録音し，テスト後振り返りを書かせ，その記述を基に，自らの学習状況を把握し，粘り強く学習に取り組んでいる様子が見られるかどうかも評価する。

【評価規準】（生徒の状況に合わせながら，評価規準を設定する。）

「思考・判断・表現」聞いたり読んだりしたことを基に，聞き手に配慮しながら自分の考えや気持ちを理由とともに伝え合っている。

「主体的に学習に取り組む態度」聞いたり読んだりしたことを基に，聞き手に配慮しながら自

分の考えや気持ちを理由とともに伝え合おうとしている。また，状況を把握し，粘り強く学習に取り組もうとしている。

（1）パフォーマンステストでの評価

生徒同士のやり取り

　生徒はペアになり，共感を覚えた主人公の態度や行動に加えて，それらから学んだこと（今後の行動につなげたいこと）を伝え合う。生徒は10分間，以下の内容について考えた上で，メモを取る。その後，メモを基にペアでお互いの考えを伝え合う。やり取りの様子は１人１台端末等で録画もしくは録音をさせ，その内容を観察し評価する。

配付用紙（例）…やり取りを行う前に準備すること

Speaking Test

　あなたが教科書本文を読み，共感を覚えた内容についてペアで話し合います。話し合う前に，以下の内容について考えなさい。準備時間は10分間です。メモを取っても構いません。

（１）Irena Sendler に関する以下の内容について，あなたが最も共感を持てるものはどれですか。

　　Irena's belief in equality / Irena's patience and persistence / Irena's loyalty /
　　Irena's not giving up hope / Irena's feeling regret

（２）（１）の内容が分かる彼女の行動はどのようなものでしたか。

（３）その行動からあなたが学んだことは何ですか。また，学んだことを今後の人生にどのように生かしていきたいと思いますか。

ポイント

　「思考・判断・表現」に関する評価については，「共感を持った主人公の行動等」と，「そこから学んだこと，今後の人生にどのように生かしていくか」の２つに内容（条件）についてやり取りしているかを評価する。生徒が自身の考えや気持ちを伝え合う際には，「相づちを打つ」や「聞き返す」，「繰り返す」など，コミュニケーションを円滑にするための表現等を授業内で取り扱っておく必要がある。生徒同士が考えや気持ちについて話し合う活動をテストとして実施する際には，生徒が言語の働きに係る表現を活用しながらコミュニケーションを行っている

かどうかも評価する。また，「主体的に学習に取り組む態度」については，「思考・判断・表現」と一体的に評価するとともに，テスト後の振り返りの記述を基に，自らの学習状況を把握し，粘り強く学習に取り組んでいる様子が見られるかどうかを評価する。（観察）

評価の基準（以下のルーブリックを基に評価する。）

	思考・判断・表現	主体的に学習に取り組む態度
a	2つの条件を満たし，コミュニケーションを円滑にするための表現等を効果的に用いながらやり取りを行っている。	2つの条件を満たし，コミュニケーションを円滑にするための表現等を効果的に用いながらやり取りを行おうとしている。
b	2つの条件を満たしてやり取りを行っている。	2つの条件を満たしてやり取りを行おうとしている。
c	「b」を満たしていない。	「b」を満たしていない。

発展

振り返りシート

　生徒はスピーキングテスト後，単元の目標の達成状況や，録音した音声を聞きながら「現在の状況（できるようになったことやまだできないこと）」，「年間の目標（CAN-DO リストの形式による目標）を達成するために今後どのように学習に取り組むか」等について記述する。教師はその内容を評価する。

振り返りシート（例）

振り返りシート
　スピーキングテストの音声を聞き直し，以下の内容について書きなさい。
（1）前回のスピーキングの内容からできるようになったこと，今後改善しなければならないことは何ですか。

（2）CAN-DO リストの形式による「話すこと［やり取り］」の領域に関する目標を達成するために，今後，あなたはどのようなことに取り組みますか。

ポイント

生徒が自己の学習を調整しようとする状況に基づき評価を実施する。（振り返りシート）

評価の基準（以下の基準で評価する。）

（振り返りシートによる）

　　　・現状を客観的に把握し，今後の取組を具体的に記述している……………… a

　　　・現状を把握し，今後の取組を記述している………………………………… b

　　　・現状の把握や今後の取組に関する記述がない…………………………… c

14 「話すこと［発表］」の評価例

教科書本文（例）　【ELEMENT English Communication I （啓林館） 2012年】

Biomimetics learns from natural systems. It tries to understand what nature does well to work out problems. It also tries to develop new technology. Although the word biomimetics is new, people have been looking to nature to develop various products for many years.

For example, there are some plant seeds with sharp points in the wild. They may get on you when you walk in the forest. It is difficult to pull them off your sweaters.

One day in 1941, George de Mestral, a Swiss engineer, came home from a walk in the mountains. He found burdock seeds in his dog's hair. Then he took a close look. He wanted to know the reason why those seeds got there so easily. He found that burdock seeds have small hooks on their sharp points. They easily catch on hair or fur. This is how "hook-and-loop fasteners" were first thought of and invented.

For a long time, swimwear designers have been working hard to make wear that can help swimmers win their races. The designers thought and thought about how humans could swim like fish. They finally made a new type of swimwear. It was made of a new material similar to shark skin. More than half of the swimmers wore it in the 2000 Olympics. Thanks to many fine lines on the material, one can swim faster through the water.

After this, other kinds of swimwear were made by learning from different creatures. Fish and birds are some examples. The designers studied how these creatures entered the water or moved in it. Their main aim was to create materials and design shapes that reduce water resistance. As a result, many swimmers broke world records.

Biomimetics is also used to solve environmental problems. The 500 Series bullet trains have a unique design. There is a practical reason for the design of the front of the train. At first, the train made a loud noise when it entered tunnels. The designers worked hard to reduce this noise.

One day, a designer watching birds thought of an idea. It was to make the train's nose very long like a kingfisher's beak. Kingfishers are very good at diving into the water and catching fish. The shape of their beak makes it possible to dive with little resistance from the water surface. In the same way, the beak-like shape of the train reduces the air resistance that causes noise.

Today, many scientists look at nature to get hints about new technology. Some scientists, for example, are studying a lizard in the desert. It drinks water little by little through its feet and spikes. Scientists think it possible to develop technologies for getting water in dry regions.

Let's take another look at nature. Nature has solved various problems with surprising systems and designs. Living things in nature have survived through hard times. Those that have survived millions of years have been successful because of their designs. Nature is a good designer that has built up effective systems without damaging the environment. We should guard this treasure of ideas and learn about those systems. How about looking around for hints of new technology hidden around you?

発展

【新出語彙】

develop / technology / various / product / fur / loop / fastener / swimwear / designer / type / material / skin / creature / design / reduce / resistance / solve / environmental / series / bullet / unique / practical / tunnel / kingfisher / beak / dive / surface / lizard / spike / dry / successful / effective / environment / hidden

【新出語句・表現】

work out ～ / look to ～ / help ～ do / as a result

【文法事項・構文等】

●現在完了進行形
●関係副詞
●形式目的語の it

❶ 「知識・技能」の評価

「話すこと［発表］」の領域における「知識・技能」を評価するには，日常的な話題や社会的な話題に関する情報や考えを述べるために必要となる語彙や表現，音声等を理解しているかや，日常的な話題や社会的な話題についての情報や考えを理由とともに話して伝える技能を身に付けているかどうかで判断する。

「話すこと［発表］」の評価については，授業内ではグループやクラス全体でのスピーチ発表，インタビューテスト等を実施し，生徒の様子を観察する。また，ペーパーテストでは，言語材料の理解度を測る問題を出題する。

【評価規準】（生徒の状況に合わせながら，評価規準を設定する。）

「知識」情報や考えなどを理由とともに話して伝えるために必要となる語彙や表現，音声等を
　　　理解している。

「技能」情報や考えなどを理由とともに話して伝える技能を身に付けている。

（1）授業内での評価

グループ内でのなりきり説明

　教科書本文の登場人物になりきり，出来事の内容を説明する活動を実施する。生徒は活動を行う前に５分間考え，必要に応じてメモを取り，そのメモを参照しながら話して説明する。活動の内容は録音もしくは録画しておき，音声や動画を基に評価を行う。

配付用紙（例）…やり取りを行う前に準備すること

> **Speaking Test**
>
> 　あなたは，本単元の登場人物になりきり，新たな製品を思いついた出来事について，説明します。説明の際は，①どのような問題（課題）があったのか，②ある生物から問題（課題）解決のヒントを得たときの情景，③どのような製品を作成したか，の３点について１分程度で話して伝えましょう。準備時間は５分間です。メモを用意して，必要に応じてメモを参照しながら話しても構いません。ただし，原稿を書いてはいけません。
>
> 【メモ】

ポイント

　この活動では，生徒に対して，教科書本文の語彙や表現を活用しながら，本文の内容に基づき，当時の状況等を考えた上で，話して伝えるよう指示する。生徒は登場人物になりきって話すことで，教科書本文を暗記して再生するのではなく，伝えたい内容を学んだ語彙や表現を活用しながら話すことになる。評価の際には，主に使用する語彙や文法，表現等の適切さを確認する。（観察）

評価の基準（以下の基準で評価する。）

（観察による）・３つの条件を満たした上で，語彙・表現が適切に使用されており，聞き手に分かりやすい音声等で話している……………………………………… a

　　　　　　　・３つの条件を満たした上で，語彙・表現の使用や発音・アクセント等について多少の誤りはあるが，理解することができる……………………… b

　　　　　　　・３つの条件を満たしていない。または，語彙・表現の使用や発音・アクセント等について誤りが多いため，理解することができない………… c

（2）スピーキングテストでの評価

インタビューテスト

生徒に提示するカード（例）

　以下の内容について，情報やあなたの考えを1分間程度英語で話しなさい。事前に考える時間は1分間です。メモを取っても構いません。

　Please talk about the year which you will never forget with the reason why it is unforgettable.

【メモ】

ポイント

発展

　教科書で学んだ語彙や文法，表現等を適切に活用しながら，情報や考えを伝えることができているかどうかを評価する。（観察）

評価の基準（以下の基準で評価する。）

（観察による）・語彙・表現が適切に使用されており，具体的な出来事について話すことができている………………………………………………………………… a

　　　　　　　・語彙・表現の使用に誤りはあるものの，具体的な出来事について話すことができている……………………………………………………… b

　　　　　　　・語彙・表現に誤りが多いため，内容を伝えることができていない。または，具体的な出来事について話すことができていない…………………… c

❷ 「思考・判断・表現」，「主体的に学習に取り組む態度」の評価

　「話すこと［発表］」の領域における「思考・判断・表現」を評価するには，生徒が日常的な話題や社会的な話題について情報や考え，気持ちなどを話して伝える場面を設定し，論理性に注意しながら，理由とともに話しているかどうかで判断する。

　また，「主体的に学習に取り組む態度」については，「思考・判断・表現」と一体的に評価し，日常的な話題や社会的な話題について情報や考え，気持ちなどを話して伝える場面において，重要な部分に強勢を置いてゆっくり話したり，馴染みがない語については言い換えたりするなど，聞き手を意識して話そうとしているかどうかを評価する。

　生徒が「話すこと［発表］」に関する活動をスムーズに行うことができるように，言語面での指導に加えて，内容面についても，生徒が確認できる場を設定する必要がある。

【評価規準】（生徒の状況に合わせながら，評価規準を設定する。）

「思考・判断・表現」 生物模倣による製品のアイデア等について，情報や自分の考えや気持ちなどを理由や根拠とともに話して伝えている。

「主体的に学習に取り組む態度」 生物模倣による製品のアイデア等について，情報や自分の考えや気持ちなどを理由や根拠とともに話そうとしている。

（1）授業内での評価

スピーチ（グループ内での発表）

生徒はグループで，新たな生物模倣による製品のアイデアをまとめ，他のグループの生徒に発表する。

配付用紙（例）…活動の指示

> あなたはグループで，新たな生物模倣による製品のアイデアをまとめ，他のグループの人に説明します。発表の際には，①現状の課題，②課題の克服のためのヒントを得ることができる生物とその理由，③結果としてどのような製品ができるか，について話してください。

ポイント

生徒は初めのグループ（原稿作成班）においてスピーチ原稿を作成し，別のグループ（発表班）で発表する。（発表の形態等については，「9　「話すこと［発表］」の評価例」p.106を参照）

評価については，3つの条件を満たしているか，論理的な説明であるかどうかを評価する。また，この活動では，文章の正確さや，聞き手に分かりやすい音声で話しているかどうか等について，「知識・技能」と一体的に評価することも可能である。

「主体的に学習に取り組む態度」については，考えを相手に伝えようとしているかどうかを評価する。

評価の基準（以下のルーブリックを基に評価する。）

	思考・判断・表現	主体的に学習に取り組む態度
a	3つの条件を満たした上で，理由や具体的な解決方法等を述べて伝えている。	3つの条件を満たした上で，重要な部分をゆっくり話すなど，聞き手を意識しながら詳しく伝えようとしている。
b	3つの条件を満たして話して伝えている。	3つの条件を満たして話して伝えようとしている。
c	「b」を満たしていない。	「b」を満たしていない。

（2）スピーキングテストでの評価

インタビューテスト

生徒は，インタビューテストにおいて，「使い捨ての箸」の使用に関する2人の高校生の意見を読んだ上で，生徒自身の考えをまとめて話す。2人の高校生の意見を読む時間と考える時間（3分間）を与えた上で，1分間程度で生徒自身の考えを発表させる。

生徒に提示するカード（例）

Speaking Test

「使い捨ての箸（disposable chopsticks）」の使用に関して，以下の高校生２人の意見を読んだ上で，あなたの考えを１分間程度で話してください。考えを話す際には，①２人の意見を踏まえた上で，②あなた自身の考えを理由とともに，話してください。話す内容について考える時間は３分間です。メモを取っても構いません。

Naoko's idea

I don't think we should stop using disposable chopsticks. In Japan, people need to cut down trees in order to stop the forests from getting too crowded. They use those parts of trees to make chopsticks. Therefore, using disposable chopsticks doesn't do any harm to the environment.

Jacob's idea

I think we should stop using disposable chopsticks and bring our own chopsticks to restaurants. Many chopsticks used in Japan come from other Asian countries, so trees in China, Korea, and Vietnam are cut down to make chopsticks. If we stop using disposable chopsticks, we save trees in Asian countries and save the environment.

【メモ】

発展

ポイント

生徒が高校生２人の意見を踏まえながら，説得力のある理由とともに，自身の意見を述べているかどうかを評価する。

「主体的に学習に取り組む態度」では，メモなども参考にして，正確な英文にしようとしたり，論理性を考えながら，メモを取ったりしている点を評価することもできる。

評価の基準（以下のルーブリックを基に評価する。）

	思考・判断・表現	主体的に学習に取り組む態度
a	説得力のある理由とともに，意見を述べている。	説得力のある理由とともに，意見を述べようとしている。
b	理由とともに，意見を述べている。	理由とともに，意見を述べようとしている。
c	「b」を満たしていない。	「b」を満たしていない。

15 「書くこと」の評価例

教科書本文（例）　　　【ELEMENT English Communication Ⅰ （啓林館） 2012年】

Everything was ready. I was very tired because I worked so hard to build the tower. People in my village heard the news and were coming to look at it. Some of these people had laughed at me for months. They thought I was strange when I told them I was trying to generate electricity from wind. "Here it goes," I thought.

I was born and brought up in Malawi, a small country in Africa. In December 2000, a terrible famine broke out in the country. First, we had to stop having breakfast to save what we had. Then, we soon had nothing to eat, and my school friends and many others died. Children had to stop going to school.

Even when the famine was over, I still had to stay home to work in the fields because my father had not yet made enough money to send me back to school. I could not blame him.

I said to myself, "If we had a good watering system, we could stay away from those problems in the future." I wanted to change our life, which was determined by rain and the price of seed. I wanted to build a better future.

I began to study on my own in the library to do something about our problems. My best friend Gilbert would come help me after school. One day, I came across a book titled Using Energy. If I hadn't read that book then, my life would have stayed the same. It showed how to convert natural energy to another form such as electricity. Suddenly, an idea came to me.

My idea was to build a kind of windmill by myself. I kept thinking, "If I had a windmill, I could stay up and read at night." A windmill could also run a pump for water. My family could grow different vegetables, both to eat and to sell in the market. No more dark house or hungry days!

According to the book, I needed blades, a dynamo, and many other things. For the blades, I used old pipes taken from a bathhouse behind my aunt's house. For the rest of the parts I went to search a junkyard every day in the early morning. There, I was able to find a fan in an old car. I also picked up such things as old water pumps and springs for other parts. As I walked around in the junkyard, the students across the street in the school ground saw me and would call out, "Look, it's William. He's playing in the junkyard again!"

One day, when Gilbert and I were walking home together, he asked, "How's your windmill going?"

"Well, I've got most of the parts ready, but I don't know where I can get a dynamo. If I had a dynamo now, I would be able to start building my windmill," I answered.

Just then, we came across a man pushing his bicycle, which had a light. I said, "Look,

Gilbert! There's a dynamo!" But I knew I had no money. Then Gilbert went up to the man and asked if he could buy the dynamo on his bicycle. Gilbert's father had given away all their food during the famine. I was pretty sure they were also short of money. Still, Gilbert reached into his pocket, pulled out the money and handed it to the man. I will always remember that moment and cherish his gift of friendship. I ran home and placed the dynamo next to the other materials. It was like adding the last piece to the great puzzle in my life.

At last, I was on top of my finished tower. More and more people were coming to look at the windmill. They were standing around the tower and looking up. From the top, I could see the faces of my friends and the people I knew. There was little wind at first and the windmill did not turn. Then, the wind became stronger, and the fan began to turn. It turned slowly at first, then faster and faster, until the force of its motion rocked the tower. Finally, a small light came on, and then it became stronger.

"It's true!" someone said. "The boy has done it!" Although this was only a little step toward my goal, it definitely brightened our future.

発展

【新出語彙】

generate / famine / blame / windmill / pump / blade / dynamo / pipe / search / junkyard / pocket / cherish / puzzle / force / motion / brighten

【新出語句・表現】

be brought up / break out / come across 〜 / convert 〜 to [into] ... / give away 〜 / be short of 〜

【文法事項・構文等】

- 仮定法過去
- 仮定法過去完了

❶「知識・技能」の評価

「書くこと」の領域における「知識・技能」を評価するには，語彙や文法など，英語の特徴や決まりに関する事項を理解しているか（知識）や，基本的な語句や文を用いてコミュニケーションを行う目的や場面，状況に応じて，日常的な話題や社会的な話題などについて，情報や考え，気持ちなどを論理性に注意して書いて伝える技能を身に付けているか（技能）どうかで判断する。「書くこと」において，伝えたい内容を相手に伝えることができるようになるには，生徒が英文を読む際に，語彙や文法の使用について気付かせたり，論理の構成や展開の工夫について考えさせたりするなど，「読むこと」と関連付けて指導することが大切である。

「書くこと」の評価については，授業内では書き換え，ペーパーテストでは，絵や写真の説明や条件付き英作文など，さまざまな形態で実施する。

【評価規準】（生徒の状況に合わせながら，評価規準を設定する。）

「知識」仮定法過去や仮定法過去完了の特徴や決まりに関する事項を理解している。

「技能」仮定法過去や仮定法過去完了を用いた文を使って，情報や自分の考え，気持ちなどを書いて伝える技能を身に付けている。

（1）授業内での評価

書き換え

状況を理解した上で，ターゲットの文法（仮定法過去や仮定法過去完了）を含む英文を書かせる。

（指示文）

For each situation, write a sentence beginning with if.

（1）This PC is too expensive, so I cannot buy it.

_____.

（2）I am not good at cooking, so she is not happy to eat a meal I cook.

_____.

（3）The street was very wet, so I slipped on it.

_____.

（4）My mother didn't wake me up, so I was late for school.

_____.

ポイント

意味内容を理解した上で，正しい形式で英文を書くことができるかどうかを評価する。（小テスト）

評価の基準（正答数により，以下の基準で評価する。）

（4問中）・4問正解の場合………………………………… a

・2，3問正解の場合…………………………… b

・1問正解または4問とも不正解の場合…… c

（2）ペーパーテストでの評価

絵や写真の説明

絵や写真の内容に合うように，英文を書かせる。指示については以下の通りである。

（指示文）

Use the words in（　　）to write what each person wishes for. Change the verb into the correct form.

（1）		(have / a broken leg) Ken wishes _____.
（2）		(have / a cell phone) Ami wishes _____.
（3）		(rain / outside / now) Bob wishes _____.
（4）		(be / so expensive) A lot of people wish gas _____.

発展

ポイント

　ターゲットの文法（ここでは仮定法過去）が使用される場面を絵や写真で提示することで，生徒は文法の形式だけでなく，意味や使用場面についても理解しているかどうかを確認することができる。

評価の基準（正答数により，以下の基準で評価する。）

　（４問中）・４問正解の場合…………………………………… a
　　　　　　・２，３問正解の場合………………………… b
　　　　　　・１問正解または４問とも不正解の場合…… c

条件付き英作文

　文脈に合うように，空所に英文を書かせる。

（指示文）

　Write B's answer using if.

（１）A : Why didn't you go to the hospital? Didn't you know that Tom was in the hospital?
　　　B : No. _____.

（２）A : Why didn't you eat breakfast? Did you get up late?
　　　B : Yes. _____.

（３）A : Why didn't you come home early? Weren't you tired last night?

```
        B : No. _____.
（4）A : Why didn't you call Tom on his birthday?  Did you forget?
        B : Yes. _____.
```

ポイント

ターゲットの文法（ここでは仮定法過去完了）を使うことを条件として英文を書かせ，状況等を踏まえた上で，適切に英文を書いているかどうかで判断する。

評価の基準（正答数により，以下の基準で評価する。）

（4問中）・4問正解の場合……………………………… a
　　　　　・2，3問正解の場合……………………… b
　　　　　・1問正解または4問とも不正解の場合…… c

❷ 「思考・判断・表現」，「主体的に学習に取り組む態度」の評価

「書くこと」の領域における「思考・判断・表現」を評価するには，教科書本文のテーマに関連する内容について，まとまりのある文章を書かせ，情報や考え，気持ちなどを論理性に注意して書いているかどうかで判断する。ただし，評価の際に，英語使用の適切さで評価するのではなく，表現内容の適切さで評価することに留意する必要がある。また，書く目的に応じた情報や考えの整理の仕方を工夫して，文章全体としてのまとまりや文と文とのつながりや段落と段落とのつながりを考えながら論理的に書いて伝えているかどうかも評価する。

また，「主体的に学習に取り組む態度」については，パフォーマンステストにおいて「思考・判断・表現」と一体的に評価し，「読み手を意識して書こうとしているか」等を評価する。また，振り返りシートを用いるなどして，生徒が自らの学習を自覚的に捉え，学習を調整しているかどうかを評価することも可能である。

【評価規準】（生徒の状況に合わせながら，評価規準を設定する。）

「**思考・判断・表現**」社会的な話題（若者の活躍や経済格差等）について，情報や考えなどを理由や根拠とともに書いている。

「**主体的に学習に取り組む態度**」社会的な話題（若者の活躍や経済格差等）について，情報や考えなどを理由や根拠とともに書こうとしている。

（1）パフォーマンステストでの評価

ブックリポート作成

教科書本文の内容を読んでいない人に対して，紹介するためのブックリポートを以下の条件で作成させる。

（条件）

①登場人物の性格等を書くこと

②自らの経験等を踏まえた感想を書くこと

③この話がどのような人におすすめかを書くこと

ポイント

　読んでいない人に読みたいと思ってもらえるように書くよう指示をする。これにより，書く目的が明確になり，生徒の個性や創造性を引き出すことが可能になる。（観察）

評価の基準（以下のルーブリックを基に評価する。）

	思考・判断・表現	主体的に学習に取り組む態度
a	3つの条件を満たした上で，具体的な理由を挙げながら書いている。	3つの条件を満たした上で，具体的な理由を挙げながら書こうとしている。
b	3つの条件を満たして書いている。	3つの条件を満たして書こうとしている。
c	「b」を満たしていない。	「b」を満たしていない。

自由英作文

教科書本文に関連する社会的なテーマについて，まとまりのある英文を書かせる。

　以下の表から見えるマラウイの問題点と，その問題を解決するにはどうすればよいか，あなたの考えを60語程度の英語で書きなさい。

Under-five Mortality Rate

Country Name　　Year	2010	2013	2016	2019
Japan	3.2	2.9	2.7	2.5
Malawi	84.9	63.9	50.0	41.6

（UNICEF DATA を基に作成）

ポイント

　表から明らかになる事実の説明と，表の内容に対する生徒自身の考えについて，語数を指定した上で書かせる。（英作文）

評価の基準（以下のルーブリックを基に評価する。）

	思考・判断・表現	主体的に学習に取り組む態度
a	問題点とその解決策について，具体例を挙げるなど，説得力のある意見を書いている。	問題点とその解決策について，具体例を挙げるなど，説得力のある意見を書こうとしている。
b	問題点と解決策を書いている。	問題点と解決策を書こうとしている。
c	「b」を満たしていない。	「b」を満たしていない。

発展

【著者紹介】

菅　正隆（かん　まさたか）

大阪樟蔭女子大学教授。岩手県北上市生まれ。大阪外国語大学卒業後，大阪府立高等学校教諭，大阪府教育委員会指導主事，大阪府教育センター主任指導主事，文部科学省初等中等教育局教育課程課教科調査官・国立教育政策研究所教育課程研究センター教育課程調査官を経て，2009年4月より現職。文部科学省教科調査官時代，日本初の小学校外国語活動導入の立役者。英語授業研究学会理事，一般社団法人「日本SDGs協会」理事，一般社団法人「日本プログラミング検定協会」理事。

主な著書には，文部科学省高等学校検定教科書"Amity English Communication I""APPLAUSE ENGLISH COMMUNICATION I"（開隆堂），"NEW ONE WORLD Communication Ⅰ・Ⅱ・Ⅲ"（教育出版），『アクティブ・ラーニングを位置づけた高校英語の授業プラン』，『わかる！できる！小学校外国語活動・外国語1人1台端末授業づくり完全ガイドブック』（明治図書），『小学校教師のための　やってはいけない英語の授業』（ぎょうせい），『日本人の英語力　それを支える英語教育の現状』（開隆堂），『オーラルコミュニケーション生き生き授業』（三友社），『英語教育ゆかいな仲間たちからの贈りもの〈1〉〈2〉』（日本文教出版），DVD「6way-Street」（バンブルビー＆メディコム），高校副読本「赤毛のアン」（三友社）等多数ある。

松下　信之（まつした　のぶゆき）

大阪府教育庁教育振興室高等学校課主任指導主事。大阪府生まれ。大阪外国語大学卒業後，大阪府立高等学校教諭，大阪府教育センター指導主事，主任指導主事を経て，現職。英語授業研究学会理事。2014年度「パーマー賞」受賞。検定教科書を用い，生徒の発信力を高める授業には定評がある。初任者研修では菅正隆氏に師事。

主な著書には，文部科学省高等学校検定教科書"ELEMENT English Communication Ⅰ・Ⅱ・Ⅲ"（啓林館），『アクティブ・ラーニングを位置づけた高校英語の授業プラン』（明治図書），『英語で英語を読む授業』（研究社），『英語授業ハンドブック・高校編　DVD付』（大修館）等多数ある。

ペーパーテスト＆パフォーマンステスト例が満載！
高等学校外国語
新3観点の学習評価完全ガイドブック

2022年2月初版第1刷刊　©著　者　菅　正隆・松下　信之
2023年1月初版第3刷刊　　発行者　藤　原　光　政
　　　　　　　　　　　　　発行所　明治図書出版株式会社
　　　　　　　　　　　　　　　　　http://www.meijitosho.co.jp
　　　　　　　　　　　（企画）木山麻衣子（校正）有海有理
　　　　　　　　　　　〒114-0023　東京都北区滝野川7-46-1
　　　　　　　　　　　振替00160-5-151318　電話03(5907)6702
　　　　　　　　　　　ご注文窓口　電話03(5907)6668

＊検印省略　　　　　　　組版所　藤原印刷株式会社

Printed in Japan　　　　　ISBN978-4-18-263934-0
もれなくクーポンがもらえる！読者アンケートはこちらから